엄마표
영어 라이팅
writing

엄마표
영어 라이팅
writing

안홍미
지음

글로세움

프롤로그

2000년대 초, 영국에서 대학원에 처음 입학했을 때이다. 첫 수업을 듣고 '라이팅 센터Writing Center'에 관해 안내를 받았다. 모든 학생을 위해 무료로 운영된다고 했다. 그 말을 듣고 '엥, 대학원에 웬 라이팅 센터?'란 생각이 들었다. 여기는 한국이 아닌 영국이고, 게다가 대학교도 아닌 대학원인데 말이다. 웬만한 학생들은 다 글을 잘 쓰지 않을까 생각하고 있는데 교수님께서 한 말씀 하셨다. "완벽한 글쓰기란 없다. 더 나은 글을 쓰기 위해 생각을 해야 한다. 그것이 영국 교육의 기본이다"라고.

'영어'의 세계에 발을 들여놓은 지 어언 20년이 다 되어간다. 나 스스로가 학생으로서 또 가르치는 사람으로서 많은 선생님들과 학생들, 그리고 학부모들을 만났다. 이들 모두 영어 학습의 마지막 단계로 라이팅에 대한 목마름이 상당했다. 하지만 놀라운 사실은 '라이팅'을 제대로 배울 수 있는 방법이 거의 없다는 사실이었다. 왜냐하면 라이팅에서 가장 중요한 것은 글을 쓰는 사람의 생각이기 때문이다. 국내 라이팅 책의 대부분은 문법에 치중하고 있다. 심지어 많은 학원들도 라이팅 수업의 대부분을 문법 교정에 할애하고 있다.

많은 엄마표 영어에 관한 책에서도 마찬가지이다. 라이팅은 '저절로 된다'라거나 '전문가의 영역'이라는 말로 설명되어져 있다. 당연하다. 엄마가 아이의 생각까지는 건드릴 수 없기 때문이다. 내 아이에게도 똑같다. 밖에서 돈 받고 가르치는 남의 아이들은 잘 가르치고 성적도 쑥쑥 올려놓지만 그 법칙이 내 아이에게 항상 적용되는 것은 아니다. 학교에서는 당장 라이팅 숙제가 나오는데 아이는 그저 항상 쓰는 단어들만 끄적거릴 뿐이었다.

라이팅은 종합 예술이다. 리딩, 스피킹 그리고 리스닝이 단독 기술이라면 라이팅은 이 모든 것이 어우러져야만 한다. 본인이 쓰고자 하는 주제에 대한 배경 지식이 있어야 하고 그에 관해 독창적인 생각을 해야 하며 이에 대한 근거를 들어야 하고 이것들을 쓰고자 하는 글의 양식에 맞게 각각의 문장의 역할을 생각해가며 문법적 오류없이 쓰는 것이 라이팅이다.

라이팅이라는 넓은 바다에서 허우적거리는 엄마표 영어를 하는 수많은 엄마들에게도 그리고 내 자신에게도 올바른 방향을 알려주는 이정표가 필요하다. 이것이 이 책을 쓰게 한 가장 직접적인 동기이다. 엄마표로 라이팅이 불가능하다는 정설을 깨고 이 책이 조금이라도 아이들의 생각의 확장에 도움이 되고자 하는 바램이다. 드넓은 라이팅의 세계에서 내 아이가 '생각하는 사람Thinker'으로 우뚝 세우고 싶은 모든 엄마들의 열망을 함께 나누기 위한 바램이다.

앞서 말했듯이 라이팅에서 가장 중요한 것은 주제에 대한 글을 쓰는 사람의 독창적인 생각이다. 따라서 이 책에서는 문법적인 부분을 최대한 배제하고 아이들의 생각을 키울 수 있는 방법에 집중했다.

이 책이 엄마표 라이팅에 도전하는 모든 학부모들에게 올바른 네비게이션 역할을 할 수 있기를 희망한다.

contents

프롤로그 ● 5

Chapter 1
라이팅에 대한 질문과 오해

라이팅에 대해 가장 많이 하는 질문 10개 ● 15

HELPFUL TIPS AR 레벨은 무엇인가요? ● 29

학부모들이 가장 많이 하는 오해 6가지 ● 30

Chapter 2
이제는 라이팅의 시대다

왜 라이팅인가? ● 47

이제는 라이팅의 시대다 ● 53

HELPFUL TIPS IB 교육 과정이란 무엇인가? ● 60

라이팅의 핵심은 내용이다 ● 62

에세이에서 중요한 것은 내용이다 ● 66

내용이 왕이라면 어휘력은 여왕이다 ● 78

최소한의 문법으로 최대한의 효과 얻기 ● 83

Chapter 3
단어부터 짧은 문장까지 쓰기

단어라는 첫 단추 끼우기 ● 93

단어 암기 단계별 노하우 ● 98

첫 문장 시작하기 : 3~5단어로 문장쓰기 ● 113

단어를 이용하여 문장 확장하기 ● 118

의미 청크로 문장 확장하기 ● 127

접속사를 써서 문장 확장하기 ● 141

아이들이 필사하기 좋은 문장 36개 ● 150

Chapter 4
일기 쓰기

똑 같은 일기, 다르게 읽는 부모 ● 167

아이의 생각을 끌어내는 글쓰기 ● 172

영어 일기 시작하기 ● 181

엄마표로 영어 일기 수업하기 ● 186

엄마표 영어 일기 수업 ● 193

엄마표 영어 일기 따라하기 ● 199

월 별 글쓰기 주제 100개 ● 206

Chapter 5
북 리포트 쓰기

배경 지식의 밑바탕이 되는 독서 ● **225**

배경 지식의 보물 창고, 독서 ● **232**

북 리포트 쓰기 ● **242**

G1-2 를 위한 북 리포트 ● **249**

G3-4 를 위한 북 리포트 ● **255**

G5-6을 위한 북 리포트 ● **261**

미국와 영국의 유명 북 블로그 10개 ● **265**

부록
추천 도서목록

G1-G2를 위한 추천 도서목록 ● **270**

G2를 위한 추천 도서목록 ● **271**

G3를 위한 추천 도서목록 ● **273**

G4를 위한 추천 도서목록 ● **275**

G5-6를 위한 추천 도서목록 ● **276**

Chapter 1

라이팅에 대한
질문과 오해

라이팅에 대해
가장 많이 하는 질문 10개

Q1 아이는 유학할 계획이 없습니다. 국내 입시만 생각합니다. 그래도
영어 라이팅이 필요할까요?

A 지금 현재 학교마다 차이는 있지만, 중학교와 고등학교의
내신 영어는 지필 평가 60%, 수행 평가 40%로 이루어집니다.

지필 평가는 우리가 일반적으로 생각하는 시험지로 보는 시
험을 말하고, 수행 평가에는 듣기, 말하기, 그리고 쓰기 평가가
있습니다. 수행 평가가 차지하는 비중이 많은 학교는 60%까지

도 반영이 됩니다.

지필 평가는 단답형과 서술형으로 이루어집니다. 여기서 서술형이라 함은 주관식을 의미합니다. 학교에 따라 다르지만 요즘은 주제를 주고 짧게나마 자유 영작을 시키는 학교가 늘어나는 추세입니다. 이런 자유 영작 문제는 적으면 1문제에서 많게는 3문제 정도 나옵니다.

자유 영작 문제의 경우 배점도 학교에 따라 다양하지만 보통 영작이 서술형의 30%~50% 정도를 차지하는 것이 일반적입니다. 그리고 수행 평가에서도 자유 영작이 점수의 배점이 높은 편입니다. 중학교 쓰기 평가의 경우 주제를 미리 2~3개 정도 알려주고 그중 하나를 골라 시험에 내곤 했습니다. 고등학교 쓰기 평가의 경우는 주제를 알려주지 않고 그 자리에서 시험을 보는 것이 늘어나는 추세입니다.

한 자사고에서는 주제를 미리 알려주고 거기에 대해 에세이를 쓰는 것이 수행평가였다고 합니다. 그러다 학생들이 다른 사람이 써주는 것을 자신이 쓴 것처럼 숙제로 제출하는 학생이 있다는 제보가 있었습니다. 그래서 평가 당일 교실에서 주제를 알려주고 쓰는 식으로 평가 방식을 바꿨습니다. 그랬더니 1등이 바뀌었다고 합니다.

게다가 교내에서 실시하는 각종 영어 관련 대회들이 있습니다. 영어 말하기 대회와 영어 에세이 대회 같은 것들이죠.

결론적으로 국내 입시만 생각한다고 해도 라이팅은 꼭 필요합니다. 그 수준은 학교마다 다를 수 있습니다. 그래도 필요하다는 사실은 변하지 않습니다.

 이제 엄마표 영어를 시작하여 아이는 열심히 책을 읽고 있어요. 그런데 언제 라이팅을 시작해야 하나요? 아이는 이제 초1입니다.

A 아이들이 보통 알파벳을 외우는 것에 관심을 갖고 정확한 스펠링이 아니더라도 문장의 형식을 갖춰 써내려가기 시작하는 레벨은-나이가 아닙니다, 레벨입니다-미국 초등학교 2학년 정도 수준의 책을 읽고 90% 정도 이해할 수 있을 때 준비가 되었다고 말할 수 있습니다. 즉, 아이의 영어 레벨이 AR레벨 기준 2.0 이상은 되어야 편합니다. 게다가 아이의 나이도 2학년이 넘으면 라이팅을 훨씬 더 쉽게 시작할 수 있습니다. 물론 교육은 일정하게 정해진 것이 없습니다.

어떤 아이들은 글씨 쓰는 것을 좋아해서 조금 더 일찍 시작하는 경우도 있어요. 영어유치원을 다니는 아이들의 경우는 예외입니다. 엄마표가 아니잖아요. 조건에 맞지 않다고 하겠습니다.

아이가 충분히 준비가 될 때까지 기다려 주세요. 위의 두 가지 조건, AR레벨 2.0 그리고 초등 2학년! 이 두 가지 조건이 충족될 때까지 열심히 읽고 또 어휘력을 쌓으면서 기다리세요. 그러면 나중에 라이팅이 훨씬 쉬워질 겁니다.

Q3 초등학교 3학년 아이입니다. 영어로 일기 쓰기를 이제 막 시작했습니다. 아이가 쓴 것을 보니 문법도, 스펠링도 여기저기 틀려요. 문법은 그렇다 치더라도 스펠링은 고쳐줘야 할 것 같아서요. 그런데 바로 알려주니 아이가 화를 내더라고요. 아이에게 틀린 스펠링을 고쳐줄 다른 방법이 있을까요? 바로 고쳐주다가는 더 이상 안 쓴다고 할 것 같아요.

A 영어 일기를 처음 써 보셨나 봐요. 아이가 정말 대견하네요. 칭찬은 많이 해주셨죠? 아이 입장에서는 처음 도전하는 과제를 열심히 해내서 막 뿌듯해하고 있는데 엄마가 지적을 하면서 잔소리를 한 격이네요. 아이가 많이 실망했을 수도 있어요.

우리 어른들과 입장이 바뀌면 어떨까요? 직장에서 어떤 새로운 임무를 부여받아 열심히 했는데 상사가 칭찬은 커녕 지적을 하면서 다시 하라고 하면요. 두 가지 방법을 제안할게요.

1. 목표 단어를 미리 공부한다

아이와 그날의 일기 주제에 대해 미리 이야기를 나누세요. 아이에게 어떤 단어를 쓸 것인지 아니면 어떤 단어가 필요한지 물어보세요. 그 단어를 같이 적어보세요.

이렇게 미리 필요한 단어를 확인하지 않으면 아이는 아는 단어만 적을 수도 있어요. 아이가 스펠링을 정확히 모르거나 아예 모르는 단어로만 미리 알아봅니다. 아는 단어는 제외예요. 단어의 갯수는 3학년이니까 5개에서 7개 정도가 흥미를 떨어뜨리지 않을 것 같아요. 이 단어들을 알려준 다음 일기 쓰기를 시작해보세요.

단, 위의 과정이 너무 길면 아이가 지칠 수 있습니다. 짧게 진행하세요. 아이가 단어를 잘 사용하면 폭풍 칭찬도 잊으시면 안됩니다. 이 모든 과정이 끝나고 마지막에 위의 단어들을 외우고 넘어가세요.

2. 단어는 따로 외우게 하세요

아이가 기초 단어를 잘 모른다면 단어 교재를 따로 준비하세요. 그래서 하루에 일정 시간 단어를 외우게 하세요.

어휘력은 집을 짓는 기초 공사와 같은 것입니다. 아무리 강조해도 지나치지 않아요. 단어 교재는 시중에 나와 있는 것도 괜찮

습니다. 아니면 주변에서 모르는 단어를 사전을 찾아서 엄마가
미리 준비해 두는 것도 좋습니다. 아이가 읽는 책에서 단어들을
골라 놓는 것도 좋습니다.

하지만 보통 아이의 리딩 레벨이 라이팅 레벨보다는 높기 때
문에 엄마가 책에서 기초 단어를 뽑을 수 있는 경우에만 추천드
려요. 예를 들어 아이의 소설 책에서 자주 보이는 끌고 가다drag,
훔쳐보다peek 등 이런 단어는 일기를 쓸 때 자주 쓰는 단어가 아
니니까요.

 **지금 5학년입니다. 라이팅은 3학년 때부터 학원에서 에세이를 썼
습니다. 현재 리딩 레벨은 AR 4.3 정도의 책을 읽고 있습니다. 아
이의 문제점은 에세이를 길게는 쓰는데 학년에 어울리는 어휘를
쓰지 못한다는 소리를 들어요. 단어를 잘 외우기는 하는데 이를
잘 활용하지 못하는 것 같아요. 아는 단어를 다양하게 활용할 수
있게 하는 방법이 있을까요?**

A 아이가 그동안 어떤 단어를 외웠는지 궁금하네요. 아마
학원에서 주어지는 단어 리스트를 받아 시험에 통과하기 위한
단어들만 외우지 않았을까 싶어요. 그리고 라이팅의 기초가 다

져지지 않은 것 같네요. 제안하는 처방은 '북 리포트'입니다. 이 때는 자신의 레벨보다 낮은 책을 골라서 보세요. 3점대 책들이 좋을 것 같아요.

1. 논픽션 북 리포트 쓰기

아이가 그동안 논픽션을 얼마나 읽어왔는지 궁금합니다. 미국이나 영국의 커리큘럼은 과학을 1학년 때부터 배웁니다. 그래서 논픽션의 어휘를 잘 알지 못하면 다음 리딩 레벨로 올라가는 데 한계가 있습니다. 아이에게 논픽션을 읽고 북 리포트를 써 보도록 권장하고 싶습니다.

논픽션 북 리포트는 책의 내용에서 중요한 내용을 뽑아내어 요약하는 것이 대부분입니다. 따라서 일반적인 소설을 읽고 북 리포트를 쓰는 것보다는 책에 있는 단어를 라이팅에 직접 적용하기에 좋습니다.

단, 위의 학생과 같은 경우에는 평소 읽는 레벨에 비해 낮은 책을 골라서 북 리포트를 써 보는 것이 좋습니다. 아무래도 아이가 읽는 것이 쉬우면 쓰는 것도 더 편하게 느끼기 때문입니다.

요약이나 발췌 수준의 북 리포트를 쓰게 되겠지만 핵심은 아이가 논픽션에 나온 단어, 특히 동사를 자신의 라이팅에 적용하게 하는 데 있습니다.

2. 픽션 북 리포트 쓰기

책을 하나 골라서 거기에 대한 어휘를 먼저 정리합니다. 여기서 중요한 것은 아이의 레벨에 딱 맞는 책을 고르는 것입니다. 한 챕터를 읽는 동안 모르는 단어가 10개 이상 나오면 그 책은 아이에게 어려운 책입니다.

물론 아이가 모든 단어의 뜻을 정확하게 알지 못할 가능성이 높아요. 아이가 뜻을 안다고 하더라도 엄마가 정확하게 무슨 뜻인지 짚고 넘어가야 합니다. 모르는 단어나 정확하게 알지 않았던 단어들을 내 것으로 만드는 것이 포인트입니다.

그리고 나서 북 리포트를 써 보세요. 문장을 책에서 발췌하지 않고 자기만의 문장을 만들 수 있도록 칭찬하고 격려해주세요.

라이팅을 위해서는 읽는 책의 레벨을 올리는 것보다 읽은 책을 얼마나 잘 소화시키는가가 중요한 시점 같아 보입니다. 읽은 책을 잘 소화시키면 리딩 레벨은 저절로 올라갑니다.

 초1에 엄마표로 가르치고 있어요. 영어 동영상 보는 것을 좋아해서 아직까지 무리없이 잘 따라하고 있어요. 스피킹도 잘해요. 그런데 라이팅은 아직 시켜본 적이 없어요. 라이팅도 같은 레벨이 되어야 하는데 걱정이네요.

A 곧잘 따라하는 아이군요. 잘 따라하니 엄마가 욕심이 생기는 것은 당연하죠. 그런데 왜 라이팅이 같은 레벨이 되어야 한다고 생각하나요?

언어는 발달 순서가 있습니다. 그중 라이팅은 가장 늦게 발달합니다. 그러니까 지금 엄마가 하고 있는 엄마표 영어의 순서와 비슷하네요. 늦게 시작해도 아무 상관없고 천천히 다른 영역의 레벨에 맞추더라도 실력이 오를 거예요.

초1이라면 다독과 어휘력을 쌓는 것이 가장 중요한 시기입니다. 한국 나이로도 이제 겨우 일기를 쓰기 시작하는 나이잖아요. 맞춤법이 틀리기도 하고요. 원어민 아이들도 다르지 않아요. 그 아이들도 초1이면 이제 쓰기 시작하는 나이예요.

현재 보고 있는 책에서 단어를 얼마나 아나요? 단어부터 외워보세요. 아직 스펠링을 외우거나 쓰기가 힘든 아이라면 단어의 뜻이나 그림을 보여주었을 때 말로 대답할 수 있어야 합니다. 우리가 한글을 읽을 때처럼 단어 카드를 보고 통글자로 읽고 뜻을 알 수 있어도 좋아요. 이런 것을 오럴 보캐블러리Oral Vocabulary라고 합니다.

교재가 필요하다면 아마존이나 인터넷 서점에서 구입해도 좋습니다. 단어Words나 어휘vocabulary로 검색하시고 Grade K나 Grade1 정도 레벨로 진행해 보세요. 앞으로 2년은 다독과 어휘력 쌓기에 힘써 보세요.

 Q6 라이팅을 시작하려고 합니다. 문법책에 있는 기초 문법 문장 필사하기 또는 좋아하는 책 한 권을 선택해 필사를 하는 것은 어떨까요? 4학년이라 이제 시작해야 하는데 어떻게 해야 할지 감이 잡히질 않네요.

A 필사를 말씀하시는 분들은 일단 라이팅은 문법이 되어야한다는, 아니면 문법적으로 완벽한 문장을 써야 한다고 생각하는 분들이 많습니다. 일단 문법=라이팅이라는 생각을 지우는 것이 좋겠습니다.

필사도 방법 중 하나입니다. 하지만 아이가 문장을 잘 못 쓴다고 하여 필사를 라이팅의 주된 방법으로 삼으시면 안 됩니다. 필사로 효과를 보는 경우는 그 단계의 자유 라이팅을 어느 정도해본 후입니다. 즉, 스스로 고민을 많이 해본 다음 더 나은 또는다른 예시 문장을 제공하는 정도입니다.

어른과 아이는 다릅니다. 어른은 막막할 때 모범 답안을 제공하면 거기에 최소 50%라도 비슷한 답안을 만들어낼 수 있습니다. 하지만 아이들은 생각할 시간과 스스로 성장할 시간을 주는 것이 중요합니다. 아주 초보적인 단계에서는 간단한 문장 쓰기가 좋습니다. 단어를 하나 주고 이를 이용하여 문장을 써보는 훈련부터 해보세요.

 엄마표로 공부하는 아이입니다. 기본적인 문법이 안 되고 짧은 문장밖에 쓸 줄 몰라요. 어떻게 가르쳐야 하나요? 이제 곧 중학생이 되는데 수행평가 라이팅이 걱정입니다.

 6학년인가 봅니다. 기본적인 문법이 안 되어 있다면 문법 먼저 시작하세요. 특히 중학교 내신은 문법의 개념을 잘 이해하고 활용할 수 있는지를 물어봅니다.

문법도 하루 이틀에 되는 것이 아닙니다. 꾸준히 열심히 해야 합니다. 요새 문법책에는 단원마다 라이팅 문제가 나옵니다. 그런 문제들을 많이 연습해 보세요.

챕터북을 재미있게 읽는 아이를 키우고 있어요. 요즘 영어 독서록을 쓰라고 했더니 책을 이리저리 넘겨가면서 줄거리를 요약하는 식으로 한 페이지 정도 씁니다. 아이의 자신감을 위해 칭찬을 많

이 해주고 있어요. 그런데 엄마 욕심으로는 좀 더 긴 문장을 쓰면 좋겠고 문법이나 단어 틀린 것을 고쳐주고 싶어요. 아이는 초3입니다.

A 아이가 독서록 쓰는 것을 재미있어 하나요? 그렇다면 엄마가 조금 욕심을 내도 괜찮습니다. 그렇지 않다면 아직은 때가 아니에요. 너무 많은 것을 한꺼번에 가르치려고 해서는 안 됩니다. 여태까지 재미있게 하고 있는 라이팅을 엄마의 욕심으로 망칠 수는 없으니까요.

일단 아이가 재미있게 하고 있다고 전제하고 팁을 하나 드릴게요. 먼저 아이에게 가르치고 싶은 문법을 하나 정하세요. 예를 들어 아이가 복수형을 잘 못 쓴다고 하면 먼저 그것부터 가르치고 아이와 잘 써 보기로 약속하는 거예요. 시간은 길게 잡으세요.

챕터북이 무엇인가요?
챕터북은 미국 나이로 7~10세 정도 아이들을 위한 중급 레벨의 이야기 책이다. 초보자를 위한 그림책과는 달리, 챕터북은 그림보다는 글 위주의 책이다. 하지만 상급 레벨의 책보다는 일러스트가 많다. 이야기가 짧은 챕터로 나뉘어 있어 책을 읽다가 멈추거나 다시 시작하기 쉽다. 주로 적당한 길이와 복잡성을 가진 픽션 책들이다.

초3이니 2~3달 걸려도 괜찮습니다. 그 이후에도 완벽할 것이라는 기대는 하지 마세요. 아이는 아이입니다. 단어도 마찬가지예요. 아이가 써보았으면 하는 단어들을 독서록을 쓰기 전에 미리 알려주세요.

 Q9 아이가 영어 유치원에 다니고 있어요. 유치원에서 북 리포트를 쓰는데 어려워해요. 간단한 책이지만 요약하는 것이 어려운 것 같아요. 이 나이에 북 리포트를 쓰는 것이 정말 아이 레벨에 맞는 건지 궁금해요.

A 유치원을 다닌다면 아직 7살일텐데 당연히 어렵지요. 이런 식으로 훈련을 받으면 지금 당장에는 잘 쓰는 것처럼 보이겠지만 영어 유치원을 다니지 않으면 바로 그만큼 쓰지 못하는 경우가 많습니다.

즉, 진짜 실력을 올리기 보다는 보이기 식으로 모래성을 쌓을 확률이 높습니다. 숙제 때문에 아이가 북 리포트를 써 가야 한다면 쓰기 전에 미리 아이와 책에 관한 대화를 먼저 해보세요. 어느 정도 무엇을 쓸 것인지 내용을 생각해보고 쓰면 아이에게 많은 도움이 될 거예요.

Q10 리딩 레벨 3점대의 책을 읽고 있습니다. 리딩은 여태까지 읽은 책이 2000권이 넘을 것 같아요. 그런데 like, baby와 같은 아주 기본 단어도 쓰지 못해요. 엄마표 영어를 하는 선배들이 리딩을 많이 시키면서 기다리면 어느 순간에 된다고 하는데 정말 그 순간이 올까요?

A 그 어느 순간이 오는 아이들도 있습니다. 문제는 모든 아이들이 그렇지 않다는 사실입니다. 내 아이는 어느 그룹에 속하는 아이인지 부모님이 판단해야 합니다.

예를 들어 엄마가 아이가 태어나거나 태어나기 전에 육아서를 사서 읽어요. 그런데 막상 아이를 낳고 키우다 보니 실제 내 아이는 육아서의 아이와 같지 않죠. 그러면 다른 육아서를 또 사서 읽죠. 물론 이 육아서에서 배운 것도 있지만 내 아이와 똑같지 않다는 것을 깨닫게 되죠.

이렇게 이론과 경험, 시간이 어우러져 내 아이에게 맞는 육아의 기술을 스스로 터득하게 되는 거죠.

영어도 다르지 않아요. 좋은 방법이 있지만 그 방법이 처음부터 끝까지 다 내 아이에게 효과적일 수는 없어요. 내 아이에게 꼭 맞는 방법을 찾는 것이 엄마가 할 일이겠죠.

AR 레벨은 무엇인가요?

AR**Accelerated Reader** 레벨은 영어 책을 지문의 난이도에 따라 숫자로 분류해 놓은 것이다. AR 레벨이 2.7인 책은 미국 초등학교 2학년 중에서 70%의 학습 과정 정도 난이도의 책이라고 보면 된다. AR 레벨은 아이의 독립적인 독서를 도와주기 위한 목적으로 미국의 르네상스 러닝**Renaissance Learning**이라는 회사가 만든 컴퓨터 프로그램이다. AR 레벨을 가장 많이 듣고 적용하는 이유는 르네상스 러닝에서 제공하는 도서관 프로그램을 국내 대형학원에서 이용하는 곳이 많기 때문이다. AR 레벨의 목적은 아이가 읽을 책을 고르는 것을 도와주기 위해서이며, 본인의 레벨에 맞는 책을 읽음으로써 독서를 즐거운 경험으로 만들 수 있다. 아이가 본인 레벨에 맞는 책을 골라 읽으면 컴퓨터에 나온 퀴즈를 푸는 방식으로 측정한다. AR 레벨은 리딩 레벨이라고도 한다. 그렇다면 리딩 레벨은 AR 레벨 하나 뿐일까? 아니다. 여러 가지가 있다.

1. AR Level(AR 레벨)
2. DRA Level(DRA 레벨)
3. Lexile Level(렉사일 레벨)
4. 각종 출판사에서 제공하는 레벨

지금 우리가 말하는 AR 레벨도 리딩 레벨을 측정하는 한 가지 방법이다. 유일한 방법은 아니라는 것이다.

학부모들이 가장 많이 하는 오해 6가지

오해 1

문법이 되어야 라이팅이 된다?

상담을 하면서 라이팅을 걱정하는 엄마들이 가장 많이 하는 말이 "우리 아이는 에세이 점수가 안 좋아요. 문법을 한번 훑어봐야 할 것 같아요."이다. 이런 엄마들에게 라이팅이란 아이가 문법에 맞는 문장을 A4 종이에 많이 적는 것인 것 같다.

문법은 에세이를 평가하는 요소 중 하나일 뿐이다. 문법에서의 오류가 글의 중심내용을 전달하는데 문제가 되지 않는다면 큰 감점 요인이 되지 않는다.

아이들이 써놓은 글을 읽어보면 총체적 난국일 때가 많다. 하지만 우리 부모 세대도 글쓰기를 배운 세대도 아니고, 글쓰기가 중요한 세대도 아니었으니 이해는 간다. 사실 중학교와 고등학교 내신 시험 문제를 보면 지금도 30여 년 전과 마찬가지로 기승전 문법이다.

예전에 한 시험의 채점자 교육을 받을 때 들었던 강의 내용이 생각난다. 그 시험은 국가공인 시험이라서 주기적으로 채점자 교육을 했다. 아주 오래 전이라 그 강의를 진행했던 교수는 잘 기억나지 않지만 강의 내용은 흥미로워서 기억에 남았다.

공인시험을 채점하는 사람들에게 객관성이란 상당히 중요하다. 그래서 한 답안을 두 명의 채점자가 채점하게 한다. 두 명의 채점자가 같은 점수를 줄 수도 있지만, 다른 점수를 주는 경우도 많다. 그럴 경우 또 다른 채점자가 채점을 한다. 3명의 채점자 중 2명의 점수가 같다면 그 점수가 최종 점수가 되고, 그렇지 않으면 일반적으로 평균을 내어 최종 점수를 확정한다.

교수는 원어민과 비원어민 채점자들의 차이를 설명해주었다. 그의 설명에 의하면, 원어민 채점자들은 내용이 좋은 에세이에 더 후한 점수를 주고, 비원어민 채점자들은 문법이 정확한 에세이에 더 후한 점수를 주는 경향이 있다고 한다. 또 비원어민 채점자들은 원어민 채점자들에 비해 더 엄격하다는 것이다.

이 사실에 관한 흥미로운 연구가 뉴욕에서 있었다. 원어민 채점자들과 비원어민 채점자들의 차이를 알아내기 위한 연구였다.

이 연구에 100가지 라이팅 샘플을 준비했다. 그리고 17명의 채점자를 모았다. 채점자들은 모두 TESOL 석사 학생들이었다. 이들 중 8명은 원어민이었고, 9명은 비원어민이었다. 이들에게 채점 기준이 주어졌다. 채점 기준은 목차Content, 구성Organization, 어휘Vocabulary, 그리고 문법Grammar이었다.

이 연구에서 비원어민이 원어민 채점자에 비해 훨씬 엄격하다는 결과를 얻었다. 그 엄격함을 보인 기준 중 하나가 바로 문법이었다. 하지만 문법은 여러 가지 채점 요소 중 하나일 뿐이다.

예를 들어 토플 라이팅 시험의 독립형 문제인 에세이의 채점 요소를 한번 살펴보자. '글의 구성, 전개, 응집성, 언어의 사용, 다양한 문법 사용, 적절한 어휘 선택, 관용구 사용 수준, 문법적 오류' 등이 채점요소들이다.

문법의 정확성은 크게 보았을 때 약 8가지 평가 요소 중 하나일 뿐이다. 각 영역의 만점은 5점이다. 그리고 최고점인 5점에 대한 기준도 '가벼운 문법의 오류는 있을 수 있다may have minor grammatical errors'라고 되어 있다. 그러니까 문법이 완벽하지 않아도 만점이 가능하다는 말이다. 결론을 요약하자면, '라이팅에서 문법의 중요성은 과장되어 있다'고 할 수 있다.

라이팅을 잘 하기 위해 필사를 시킨다?

필사는 분명 라이팅에 도움이 된다. 하지만 필사만 시킨다고 아이들이 어느 날 그 문장을 줄줄 써 내려가지 않는다. 게다가 필사가 도움이 되었다고 말하는 사람들은 다 어른들이다. 빡빡한 영어책을 따라 쓰며 "필사는 최고의 방법이다"라고 말하는 아이들은 여지껏 본 적이 없다.

그 이유는 간단하다. 어른과 아이의 뇌는 다르기 때문이다. 어른은 이미 모국어에 대한 발달이 완료된 상태다. 게다가 좋든 싫든 학교에서 최소 6년 동안 영어를 배웠다. 영어 실력이 없다 해도 어느 정도 들은 풍월은 있다. 서당개 3년이면 풍월을 읊는다고 하지 않는가. 또 어른은 모범 답안을 제시해 주면 그것을 읽고 또 읽으면서 배운다. 단순히 따라만 쓰는 것이 아니다. 씹고 또 씹어서 완전히 내것으로 소화를 할 능력이 된다.

이에 비해 아이는 그렇지 않다. 물론 아이도 의미를 생각하며 감동 받을 수도 있다. 하지만 날마다 필사를 해야 한다면 그 감동은 사라질 것이다. 필사는 노동으로 전락할 것이 뻔하다.

필사도 방법 중 하나인 것은 분명하다. 하지만 아이가 한 문장도 못 쓴다고 하여 필사를 라이팅의 주된 방법으로 삼으면 안 된다. 가장 효과를 보는 방법은 그 단계의 자유 라이팅을 어느 정도 해본 후에 필사를 해보는 것이 좋다. 스스로 고민을 많이 해본 다음 더 나은 또는 다른 예시 문장을 제공하는 정도이다.

다시 한번 말하지만 어른과 아이는 다르다. 어른들은 막막할 때 모범 답안을 제공하면 거기에 최소 50%라도 비슷한 답안을 만들어낼 수 있다. 하지만 아이들은 생각할 시간과 스스로 성장할 여유를 주는 것이 중요하다.

리딩을 많이 하면 단어는 저절로 된다?

엄마표 영어에서 단어 익히기는 수많은 인풋을 통하여 문맥에서 의미를 유추하여 자연스럽게 습득할 때까지 기다리는 것이 좋다. 이것이 가장 자연스러운 방법이다. 아이에게 무엇인가를 시키지 않는 것이 영어를 언어로 받아들이게 하는 좋은 방법이다. 이 이야기는 낮은 단계에서 중간 정도의 레벨에 오를 때까지는 좋은 방법이긴 하다. 하지만 이 방법이 모든 아이들에게 다 맞는 것은 아니다. 이 방법이 맞지 않는 아이들은 단어 암기를 하지 않고 높은 레벨로 올라가기는 힘들다.

우리 말을 배울 때를 생각해보라. 우리가 아이에게 한글을 가르칠 때도 통문자부터 시작해서 받아쓰기까지 몇 년을 가르친다. 한글은 홈스쿨하거나 학습지를 하거나 열심히 가르치는데 왜 영어는 책을 통해서 저절로 단어를 익히는 것이 자연스럽다고 생각할까? 혹시 원어민들은 영어를 이런 식으로 배우지 않는다고 생각하는 것일까? 그렇다면 명백한 오해이다. 원어민들도 단어를 암기하고, 문장도 암기하고, 받아쓰기도 한다.

엄마표로 책을 정말 많이 읽었지만 단어를 외워본 적이 없거나 단어 암기를 잘 시키지 않았던 학원을 다녔던 학생들이 나를 찾아오면 그 아이들에게는 공통점이 있다. 아이들이 독해문제를 풀었을 때 중심 생각은 이해하지만 세부 사항을 묻는 문제는 대부분 틀린다는 것이다.

레벨이 낮을 때는 괜찮다. 낮은 레벨의 문제는 대부분 지문의 중심 내용에 관한 것이기 때문이다. 그리고 중심 단어의 뜻을 물어본다. 이런 문제는 지문에서 모르는 단어를 유추하는 식으로도 문제를 풀 수 있다. 책도 마찬가지다. 우리가 책 한 권을 다 이해하기 위해 그 책의 단어 하나하나를 다 알아야 하는 것은 아니지 않는가.

하지만 레벨이 올라갈수록 상황은 달라진다. 레벨이 올라가면 글을 읽는 사람에게 세부 사항을 물어보는 질문이 많다. 이런 문제들은 꼼꼼하게 공부하지 않은 학생들이 많이 틀리는 유형이다. 이런 상태에서 레벨만 자꾸 올라가면 점점 고득점과는 거리가 멀어진다.

이런 아이들의 특징은 엄마나 아이나 본인의 리딩 레벨이 높은데 낮은 레벨의 리딩 교재를 공부해야 한다는 사실을 받아들이지 못한다. 특히 아이가 그 책은 너무 쉽다고 말하는 경우가 많다. 엄마는 그동안 읽어 왔던 레벨 높은 원서의 매력에서 헤어나지 못하고 꼼꼼하게 읽어본 적이 없기 때문에 그 정도면 다 안다고 오해를 하기 때문이다.

이런 상황을 쉬어가는 타이밍이다 생각하고 레벨을 낮춰 받아들이는 학생과 부모들도 있다. 그런 아이들은 대부분 쉽다고 생각하며 수업을 시작하지만 본인이 그 레벨이 맞았음을 금방 인정하고 그 수업에 즐겁게 빠져든다. 하지만 이 상황을 인정하지 못하면 엄마와 아이는 본인의 높은 레벨과 진짜 실력과의 괴

리감을 줄일 수 있는 방법을 찾지 못한 채 학원 문을 나선다.

많은 아이들이 학원에 레벨테스트를 보러 온다. 그중에는 엄마표로 영어공부한 아이들도 꽤 있다. 또 영어 학원에 꾸준히 다녔지만 단어 외우기를 꼼꼼하게 체크하지 않는 곳에 다녔던 아이들도 있다.

이 두 가지 학습 이력을 가진 아이들은 레벨테스트에서 공통적인 특징을 보인다. 대부분 지문의 중심 생각을 물어보는 문제는 많이 맞추지만 세부 사항을 물어보는 문제는 생각보다 많이 틀린다.

엄마표로 공부하다 학원을 찾은 아이들 중 기억에 남는 아이가 있다. 엄마표로 공부한 초등학교 5학년 여자 아이다. 고1 모의고사를 빠른 시간에 풀었고 채점을 해보니 다 맞았다. 나는 깜짝 놀라서 그 엄마에게 물었다.

"어머님, 집에서 공부했다고 하셨는데 비결이 뭐예요?"

"음. 저는 다른 엄마표와는 달리 단어를 많이 외우게 했어요. 매일 10개씩 시험을 봤어요. 아마 그게 아이에게 도움이 많이 되었던 것 같아요."

아이들은 단어를 쭉 빨아당기는 스폰지가 아니다. 한때 '아이들은 스폰지처럼 언어를 배운다'는 이론이 널리 퍼졌던 때가 있었다. 그러나 지금은 이 이론에 반대되는 증거를 제시하는 연구들도 많다.

지금 가장 설득력을 얻고 있는 이론은 아이들은 사물과 소리의 관계에서 단어를 배운다는 것이다. 또한 단어를 습득하기 위해서는 오랜 기간 동안 그 단어에 노출이 되어야 한다는 것이다.

결론적으로 단어는 외워야 한다. 그렇다고 지금 머릿속에 딱 떠오르는 그 단어시험을 말하는 것은 아니다. 단어를 암기하는 데는 우리가 생각하는 것보다 훨씬 다양한 방법이 있다. 그리고 단어집을 살 필요도 없다. 하루에 딱 5개만 외우면 된다.

단어암기와 문법 공부는 언어로 가르치는 것이 아니다?

엄마표 영어에서 많은 분들이 영어를 언어로 가르치고 싶다고 하는 경우가 많다.

영어를 언어로 가르친다는 말은 무슨 뜻일까? 아이가 모국어를 습득해가는 경우처럼 먼저 많이 듣고, 말을 하고, 글을 읽고, 쓰는 것을 배운다는 것을 의미한다.

학원에 가면 아무래도 아웃풋을 강조하기 때문에 아이들이 인풋이 충분히 이루어지지 않은 상태에서 아웃풋을 보여주려 무리하게 된다는 것이다.

예전 테솔 수업을 들을 때 강의 내용이다. 사람의 뇌는 스폰지와 같아서 물을 흡수하다 보면 언젠가는 내놓게 되어있다고 한다. 아웃풋이 오래 걸리는 사람은 그만큼 물을 많이 흡수하는 스폰지인 것이다. 그렇다고 아웃풋이 나오지 않는 사람은 없다.

어떤 학부모가 나와 상담하게 되었다. 아이가 큰 학원에 가서 레벨 테스트를 봤는데 수준에 비해 너무 낮게 나왔다고 했다. 학원에서는 흔하게 있는 일이다.

엄마는 아이가 읽었던 책들을 사진을 찍고 지금 읽는 책을 가지고 왔다. 아이가 읽는 책은 얼핏 보아도 레벨이 높아 보였다.

"아이가 이 책을 어느 정도 이해한다고 생각하세요? 그것을 어떻게 확인하나요?"

"아이에게 물어보면 내용을 다 안다고 해요. 줄거리를 말해보라고 하면 곧잘 이야기하더라고요. 그래서 잘 읽고 있다고 생각했어요."

지금 이 책을 읽고 있는 여러분에게도 같은 질문을 해보겠다.

"몇 %정도 이해해야 그 책을 잘 읽었다고 할 수 있을까?"

나는 80%라고 대답하고 싶다. 이론적으로 말하자면 90%이다. 심리학자 레프 비고츠키의 근접발달영역Zone of Proximal

Development이라는 이론이다.

근접발달영역 이론에 따르면 아동은 독립적으로 과제를 해결할 수 있는 영역(실제적 발달 수준)이 있다. 아이의 리딩 레벨이 3.0이라면 2.8~3.2(개인적 추정치) 정도의 책은 혼자서 읽어낼 수 있다. 이 레벨에서는 아이가 유추하여 단어의 뜻을 추측할 수도 있다. 그러니까 이 영역 안의 과제에서는 아이가 성인이나 다른 사람의 도움을 약간 받는다면 스스로 과제를 해결할 수 있다. 이것이 근접발달영역에서 이루어진다.

도움을 받는다는 뜻은 다른 사람에게 모르는 단어를 물어본다는 등 간단한 도움을 의미한다. 이런 유능한 다른 사람의 도움으로 아이가 독립적으로 과제를 해결할 수 있는 영역을 발달시켜야 한다.

비고츠키에 따르면 적절하고 잘 짜진 교육에 의해 오늘의 잠재적 발달 수준이 내일의 실제적 발달 수준으로 끌어올릴 수 있다고 한다. 그러면 새로운 잠재적 발달 수준이 만들어진다는 것이다.

아이의 과제 해결 능력을 키우는 최상의 방법은 적정 수준의 교재와 적정 수준의 교육이다.

영어는 문법이 우선이다?

바로 위의 오해와는 또 정반대다. 일단 여기에 대해 대답부터 한다면 '아니요'이다.

먼저 '문법'이라고 하면 무엇이 떠오르는가? 《성문 기본 영어》와 같은 문법책? 아니면 텝스나 토익에 나오는 두꺼운 문법 파트?

나도 유학을 가기 전까지 문법이라고 하면 그런 두꺼운 책들만 떠올랐다. 그리고 열심히 외워서 공인인증시험의 문법 부분은 다 맞춰야 한다는 열의를 다지곤 했다.

그런데 내 아이를 가르칠 때가 되니 세상이 변했다. 사람들은 영어는 모국어를 배우듯이 체화하도록 가르쳐야 한다고 말한다. 그러면서 원어민 선생님만을 원하고, 문법을 가르치면 마치 아이의 영어 뇌가 굳어진다고 말한다.

이 말은 진정 오해라고 하고 싶다. 문법을 가르치는 것이 잘못된 것은 아니다. 문법 자체를 영어 실력을 평가하는 도구로 만든 사회의 잘못이다. 문법은 영어의 뼈대이다. 문법을 알면 영어가 쉬워진다. 아이들이 문법을 조금씩 배우기 시작하면 리딩의 이해력도 좋아지고 라이팅에도 도움이 된다.

하지만 지금 내가 말하는 문법과 보통 학부모가 말하는 문법은 그 정도와 수준이 다르다.

아이를 집에서 가르치는 한 아빠가 있었다. 그 아빠는 문법을 우선해서 가르쳐야 된다고 생각했다. 아이가 2학년이 되었고 아빠가 설명하는 문법을 이해할 수 있을 정도로 똑똑했다. 아빠는 요새 아이들이 한다는 문법책을 사서 열심히 풀게 했고 아이는 제법 잘 따랐다. 아빠는 아이가 이제 중3 수준의 문법을 할 정도이고, 리딩과 라이팅이 부족할까 걱정하여 문법책의 문장을 매일 필사시켰다.

아이가 초3이 되었다. 아빠는 새로운 걱정에 빠졌다. 아이가 리딩 책을 해석하는 것을 어려워하는 것이었다.

아빠는 나에게 상담을 요청했고 아무래도 구문이 해석이 되지 않는 것 같다며 예비 고등학생들이 공부하는 구문 교재를 시작할까 하는데 어떻게 생각하는지 물었다.

"아버님, 지금 가지고 계신 문법책은 다 갖다 버리세요."

이것이 내가 한 대답이었다.

우리가 공부하던 시절과 요새 아이들이 공부하는 시절은 다르다. 아마 그 아빠가 처음 영어를 접했을 시기는 중학교 1학년 때였을 것이고 문법이 가장 중요했을 것이다. 게다가 이 아빠는 보나마나 우등생이었을 것이다.

하지만 우리 부모 세대와 우리 아이들 세대의 공부법은 분명 다르다. 지금 아이들은 그때 그 시절보다 훨씬 더 빨리 그리고 훨씬 더 많이 영어에 노출된다. 그러니까 요즘 아이들이 영어를 배우는 방식이 예전과는 완전히 다르다는 것을 이해해야 한다.

완벽한 번역기가 나오면 영어공부가 필요없다?

완벽한 번역기는 나도 기대가 된다. 과연 언제 나올까? 사실 지금도 구글에서 제공하는 번역기나 네이버 파파고 같은 번역기도 과거에 비해 성능이 좋다. 하지만 그래도 영어는 배워야 한다. 왜냐하면 영어는 언어이고, 언어는 그 나라의 문화를 담고 있기 때문이다.

얼마 전 한 방송에 언어 천재 조승연 씨가 나왔다. 방청객에게 똑같은 질문을 받았고 그는 여기에 딱 맞는 예시를 들었다. 프랑스 사람과 독일 사람에게 '다리bridge'를 보여주고 이 다리에 관해서 묘사하라고 했다. 이 두 나라 사람들은 다리를 어떻게 묘사했을까?

정답을 추측하기 전에 하나 말해줄 것이 있다. 프랑스어와 독일어에는 명사에도 성性이 있다. 프랑스어에서 다리는 남성 명사이고, 독일어에서 다리는 여성 명사이다.

프랑스 사람들은 다리를 묘사할 때 튼튼하고 멋있다는 식으로 묘사를 하고, 독일 사람들은 다리를 아름답고 우아하다는 식으로 묘사한다.

이것이 바로 이유이다. 문화 차이. 인간은 아직 번역기에 문화를 넣는 방법을 모른다. 그래서 아직은 영어를 배워야 한다.

Chapter 2

이제는 라이팅의
시대다

왜 라이팅인가?

인터넷의 한 공부 카페에 엄마표로 영어 공부를 하는 사람들 중 라이팅에 대한 궁금증의 질문을 받는다는 글을 올린 적이 있다. 그 글에 대해 질문이 100개도 넘게 달렸다. 그만큼 라이팅에 대한 갈증이 큰 듯했다.

왜 라이팅일까? 왜 다들 라이팅이 중요하다고 하는 것일까?

하버드는 명실공히 세계 최고의 대학이다. 하버드 졸업생은 각자의 분야에서 세계적인 리더의 역할을 할 것이라 기대되고, 또 그 역할을 해왔다. 이런 하버드에서 신입생을 뽑을 때 가장 중요하게 보는 것 중의 하나가 바로 라이팅이다. 사실 하버드에서는 신입생 작문 과정이 오랫동안 필수 과목이었다. 물론 현재도 그렇다.

하버드 대학교는 1874년 입학시험 중 하나로 라이팅을 넣었다. 우리 식으로 말하자면 논술 시험을 보기 시작한 것이다. 하버드에 지원하는 학생들의 대부분은 미국 최고 고등학교 출신이 많다. 하지만 그 학생들의 절반 이상이 논술 시험에서 떨어진다.

하버드 대학이 논술 시험을 치른지 한 세기 정도된 1975년, 〈뉴스위크〉는 '미국이 글쓰기에 위기를 겪고 있다'는 기사를 실었다. 그러자 많은 대학교에서 라이팅 프로그램을 만들었고, 나아가 국가 글쓰기 프로젝트**NWP National Writing Project**의 창립으로 이어졌다. NWP에서는 미국의 모든 학교에 라이팅 프로그램의 방향을 제시하기 위해 전문적인 모델을 개발하여 제공했다. 이에 하버드 뿐만 아니라 미국 전역에 있는 대학교에서 라이팅 센터가 설립되기 시작한 것이다.

미국의 하버드를 비롯한 대학교에서는 왜 이렇게 글쓰기를 중요하게 생각할까? 하버드 교육대학원의 리처드 라이트**Richard Wright** 교수는 그 이유를 자신의 생각을 글로 표현할 줄 아는 능력은 대학생활은 물론 직장에서도 가장 중요한 성공 요인이라고 말한다.

UCLA 교수 마이크 로즈는 글쓰기의 중요성에 대해 "우리 사회는 지금 이 순간에도 점점 다양화하고 있다. 글쓰기는 이런 사회의 여러 분야 즉 학계나 직장에서 그리고 세계적으로 성공하기 위한 관문이다."며 다음과 같이 덧붙였다.

"많은 학생들이 신문기사를 요약할 수 있는 정도의 실력으로 대학에 온다. 하지만 그것을 '글쓰기'라고 하기에는 문제가 있다. 진정한 글쓰기는 논쟁을 하거나, 다른 사람의 주장을 분석하고, 나와는 다른 의견을 합치는 행위다."

전통적으로 이런 일들은 그 사회의 엘리트라고 불리는 사람들의 역할이었다. 하지만 지금 우리 사회는 많은 사람들이 엘리트만의 전유물이었던 글쓰기를 할 수 있다고 기대하는 최초의 사회이다.

지금은 일반 사람들도 글쓰기를 통해 지성인으로 인정받고 성공하는 기회가 주어지는 시대이다. 게다가 글쓰기는 개인의 성공을 넘어 사회 발전에도 큰 영향을 끼친다.

2003년에 작성된 한 보고서에는 글쓰기가 의사 소통의 힘이며 동시에 경제 성장의 엔진이자 잠재력이라고 쓰여 있다.

다시 요약하자면 세계적인 리더에게 가장 필요한 능력은 바로 글쓰기이다.

우리 나라 라이팅 수업의 현실

"선생님, 오늘 라이팅해요?"

"응, 오늘 라이팅하지."

아이들의 질문에 이렇게 대답하면 쉬는 시간이 엄청 길어진다. 아이들은 화장실에 가서 늦게 돌아오고, 연필을 떨어뜨리고, 샤프가 고장이 나고, 종이를 안 가져왔다며 빌려 달라고 한다. 그러면 종이를 빌려 준다며 노트를 찢고, 또 저쪽에서 나도 빌려 달라고 야단이다. 이렇게 수업을 시작하기 전에 어수선한 시간이 흐른다. 평소에는 수업을 시작하기 전에 들어와서 준비를 딱 해놓는 아이들인데 말이다.

라이팅을 좋아하는 아이들은 없다. 그리고 현실적으로 학원에서는 아이들에게 어떻게 하면 라이팅을 잘 할 수 있는지에 대해 설명해줄 여건도 되지 않는다. 짧은 시간에 해야 할 것이 너무 많기 때문이다. 단어시험도 봐야 하고, 리딩 수업도 하고, 일주일이 빡빡하다. 일주일에 한 번 있는 라이팅 시간을 위해 숙제도 내주어야 하고, 진도도 나가야 한다. 어쩌다 아이들에게 라이팅의 원리에 관해 설명하려고 하면 진지하게 듣는 아이들이 없다. 그저 아이들은 외워야 할 것이 없고, 시험에 나오지 않는 내용이기에 멍하게 시간 보내기에 딱 좋을 뿐이다.

이쯤에서 우리나라의 글쓰기 교육에 대해 한마디 안 할 수가 없다. 우리 나라의 교육은 글쓰기에 중점을 두는 교육이 아니다.

어릴 때 초등학교에서 가장 처음 배운 글쓰기 교육이 '일기 쓰기'였다. 선생님께서는 날마다 일기를 써오라는 숙제를 내주었다. 매일의 일상을 반복해서 적어내야 하는 일기가 정말 싫었다.

초등학교 2학년 때의 일이다. 아침마다 일기장을 분단별로 제출해야 하는데 일기를 쓰지 않은 채 제출했다. 검사를 받고 일기장을 돌려받는 시간에 가슴이 두근두근했다. 선생님은 아무 말씀도 없이 일기장을 돌려주었지만 살짝 나를 째려보던 그 눈빛이 아직도 기억난다.

나는 일기 쓰기가 너무 싫었다. 아마 고학년이 될 때까지 모든 선생님들이 일기 쓰기 숙제를 내준 것 같다. 선생님은 그저 '재미있었다', '참 즐거웠다', '다음에 또 가고 싶다' 등 이런 말을 쓰지 말라고만 하셨지 아무도 일기를 더 잘 쓰기 위해 어떻게 써야 한다는 것을 가르쳐 준 적이 없다.

2007년생인 내 딸도 별반 다른 글쓰기 교육을 받지 않았다. 내 딸과는 30년이라는 세월의 간격이 있으니 그동안 초등학교의 수업 방식은 많이 바뀌었다. 교실은 첨단 기술로 무장했다. 선생님 책상에는 컴퓨터가 놓여 있고 교실 앞 텔레비전에 연결되어 있다. 수업 시간에는 시청각 자료를 바로 컴퓨터에서 텔레비

전 화면으로 띄운다.

배우는 수준도 많이 높아졌다. 내가 초등학교 1학년 때는 단어가 받아쓰기 시험이었지만, 내 딸은 문장을 외워야 했다. 국어책의 문장도 길어졌다. 또 나는 국어책이 한 권이었는데 지금은 국어 가, 나, 그리고 활동책까지 종류가 많아졌다.

하지만 쓰기는 별반 달라진 것 같지 않다. 내 딸도 30년 전과 똑같이 일기 쓰기를 했고, 내용은 그저 매일 일어나는 신변잡기에 관한 것이다.

독서록도 별반 다르지 않다. 그저 책을 읽고 요약하고 자기 느낌을 간략하게 적으면 된다. '재미있었다'만 피하고 길게 쓰면 선생님은 '참 잘했어요' 도장을 잘도 찍어 주신다.

아무도 일기를 어떻게 하면 더 잘 쓰는지, 일기의 주제는 어떤 것들이 있는지, 독서록은 어떤 스타일이 있는지 가르쳐주지 않는다.

아이들은 자기가 쓴 글을 고쳐본 적이 없다. '초고'나 '퇴고'는 작가들이나 쓰는 전문 용어일 뿐이다. 그러니 아이들의 글쓰기는 항상 제자리걸음이고 발전도 기대하기 힘들다.

내가 아는 30년 동안 아이들에게 글쓰기는 지겨운 숙제일 뿐이다.

이제는 라이팅의 시대다

영어를 배울 때 가장 쉽게 배울 수 있는 것이 리딩이다. 내가 영어를 배울 당시와는 비교가 안 될 정도로 원서를 쉽게 구할 수 있다. 지역 도서관에 가도 꽤 많은 영어 도서가 비치되어 있고, 영어 도서관도 따로 있다. 또 인터넷을 통해서도 원서를 외국에서 바로 주문할 수 있고, 다운받을 수도 있다. 수많은 책들로 많은 인풋INPUT을 하면 상대적으로 그 결과를 쉽게 얻을 수 있는 것이 리딩이다.

리스닝도 마찬가지다. 영어책에 딸려 있는 CD, 음원 파일, 유튜브, 미국 드라마까지 컴퓨터 한 대로 모든 것을 접할 수 있는 시대다.

내가 영어를 공부할 당시에는 테이프를 통해 접하는 원어민의 목소리가 인풋의 대부분이었고, 대학생이 되어 토플을 공부할 때 시험장에서 듣던 원어민의 목소리가 전부였다. AFKN(주한 미군방송)이라는 방송이 나오기는 했지만 너무 빨라서 도전할 수조차 없었다.

하지만 지금 우리는 집에서도 얼마든지 원어민의 목소리를 들을 수 있을 뿐만 아니라 눈으로 보면서 즐길 수 있다. 외국에 가지 않아도 인풋이 부족한 시대는 지났다.

스피킹은 아웃풋의 영역이기에 리딩과 리스닝만큼 쉽지 않다. 하지만 화상영어라는 것이 있다. 인터넷을 통해 지구 저 반대편에 있는 원어민 선생님과 교재를 배우기도 하고, 책을 읽고 대화하기도 한다.

하지만 라이팅은 또 다르다. 스피킹보다 쉽게 않은 것이 라이팅이다. 라이팅은 언어 발달적인 측면에서 봤을 때, 가장 마지막에 이루어지는 스킬이다.

보통 언어는 리스닝이 가장 먼저 발달한다. 아이들은 말을 할 수 없어도 들을 수는 있다. 또 듣고 그 의미를 이해하고 인지하기도 한다. 그리고 나서 스피킹, 즉 말을 하기 시작한다. 말을 할 수 있으면 읽을 수 있게 된다. 그리고 마지막으로 글을 쓸 수 있게 된다.

물론 모든 언어 학습자가 이 순서를 따르는 것은 아니다. 대부분의 언어 학습자들이 이 순서로 발달한다는 것이다.

그렇다면 왜 라이팅이 가장 마지막으로 발달하는 것일까? 글에는 쓰는 사람 자신의 고유한 생각이 담기기 때문이다. 그러니까 쓰기 전에 내가 무슨 말을 쓸 것인가를 생각해야 하고, 그 다음 그 생각을 어떻게 적절한 단어를 사용하여 표현해야 할지 고민해야 한다. 그리고 나서 스펠링과 문법에 맞게 정확하게 써야 한다. 이런 식으로 나의 생각을 문장이라는 형식을 빌어 계속 확장해 나가는 것이 라이팅이다.

아이들에게만 라이팅이 어려운 것은 아니다. 선생님도 아이들의 라이팅을 향상시키는 것은 어려운 과제이다. 하지만 어려운 만큼 배울 가치가 있고, 또 가르칠 가치가 있는 것이 바로 라이팅이다.

미국의 교육계에는 '90 90 90 학교들'이 있다. 이 학교들은 90%가 가난하고, 90%가 유색 인종이며, 90%가 학업 성취도가 평균을 넘어서는 학교들을 말한다.

연구자들은 이 학교들을 연구한 결과 공통점을 하나 찾아냈다. 그것은 바로 각 학교들이 고유의 라이팅 커리큘럼과 교육방법을 개발했다는 것이다. 이들 학교는 글쓰기 교육에 모든 학년을 참여시켰다. 학생들의 라이팅은 건물과 교실 전체에 붙여졌다. 학생들은 모든 과목에서 배운 것들을 글로 썼다. 결국 그 학교 학생들의 90%가 주에서 실시하는 학년별 성취도 평가를 통과할 수 있었다.

이들 학교에서 라이팅은 학생들의 생각의 그릇을 넓히고, 그것을 발현할 수 있는 교육수단이었다. 그들은 자신들의 교육 방법이 옳았음을 성공적으로 입증했다.

라이팅이 대학을 결정한다

라이팅에도 여러 가지 종류가 있다. 하지만 우리 나라에 소개된 라이팅은 에세이가 시초였다.

20년 전 내가 대학 신입생일 때는 토플TOEFL에 라이팅 시험이 없었다. 라이팅 시험은 필요한 사람만 따로 신청해 보았다. 컴퓨터가 아니라 종이로 토플 시험을 치뤘다.

내가 대학을 졸업하기 전 토플은 CBTComputer Based Test(컴퓨터 기반 테스트)로 바뀌었다. 시험지로 시험을 보는 것과 컴퓨터로 시험을 보는 것의 가장 큰 차이는 컴퓨터로 보는 시험에 라이팅과 스피킹이 필수로 포함된 것이다.

왜 갑자기 시험지 형식에서 CBT로 바뀌었는지 그 이유는 잘 모르겠다. 중국과 한국 학생들의 부정이 많아서 CBT로 바뀌었다는 소문만 무성했다. 라이팅이 필수가 되었고, 라이팅이 중요하게 자리잡기 시작했다.

토플 라이팅 시험은 그때부터 오랫동안 우리나라에서 칠 수 있는 유일한 국제공인 시험이다. 토플 라이팅 시험의 포맷인 에세이는 라이팅 시험의 최고봉으로 자리매김했다.

매년 미국에서는 더 많은 학생들이 대학에 지원한다. 따라서 대학은 그 어느 때보다 기록적인 수의 신청서가 접수되고 있다. 대학에서는 하나의 신청서를 읽는데 단 몇 분의 시간 밖에 할애할 수 없다고 한다. 그러다 보니 에세이는 짧은 시간 자신의 재능과 관심사를 보여주고, 나의 이야기를 전할 수 있는 유일한 수단이 되고 있다.

듀크 대학교Duke University는 2015년 신입생 1,667명을 모집하기 위해 23,750개의 신청서를 받았고, 그중 547명이 다른 학생들보다 먼저 입학허가를 받았다.

그중 한 학생은 듀크 대학교의 한 입학사정관으로부터 직접 입학허가서와 함께 한 통의 편지를 받았다. 입학사정관은 이 학생이 쓴 에세이에서 자신의 모습을 잘 나타낸 것에 대해 매우 감명받았다고 썼다. 그 에세이에는 학생이 지역사회에 대한 봉사와 음악에 대한 열정이 잘 드러나 있었다. 학생은 너무 자랑하지도 너무 겸손하지도 않았다. 그녀가 쓴 4개의 에세이에는 삶에 대한 열정이 여러 측면에서 잘 드러나 있었다. 그녀의 삶은 촘촘하게 짜인 직물과 같았고, 4개의 에세이는 그 직물에서 가장 빛나는 실을 뽑아낸 것 같았다.

입학사정관은 이 에세이를 통해 이 학생의 열정과 삶을 여러 측면에서 볼 수 있었고, 그의 기억에 영원히 남을 에세이가 될 것이라는 내용을 편지에 담았다.

내신성적이나 SAT는 미국의 대학입학 사정에서 중요한 요인이다. 하지만 그 외 다른 부분, 특히 에세이는 입학을 허가할 것인지 거절할 것인지에서 차이를 만들 수 있는 가장 큰 변수임에 틀림없다.

한국에서도 현(2018년) 초등학교 6학년부터 IB(국제공통 대학입학 자격시험) 교육과정을 도입할 수도 있다고 한다. 제주도는 이미 IB 교육과정의 도입을 언급한 상태다. 그러면 우리나라의 대학 입학도 IB 과정을 기반으로 이루어질 것이다. 그렇다면 글쓰기는 이제 미국의 이야기가 아니라 우리 눈앞의 당면 과제가 된다.

라이팅이 생각보다 아이들에게 더 가깝게 다가와 있다. 고등학교에서는 수행평가로 주제를 주고 에세이를 쓰라고 하는 학교도 있다. 학생부 종합전형을 대비한 교내 대회들 중 영어 에세이

쓰기 대회도 그중 하나이다.

중학교도 마찬가지다. 수행 평가로 짧은 영어 글짓기를 내주고 내신 시험에 짧은 영어작문을 하는 문제를 내기도 한다. 결과적으로 모두가 어려워 하는 라이팅이 어느 사이에 우리 아이들 옆에 훅 들어와 있다는 사실이다.

에세이는 더 이상 유학을 가야 하는 학생들만의 전유물이 아니라는 것을 명심해야 한다.

IB 교육 과정이란 무엇인가?

IBInternational Baccalaureate는 1968년 스위스 제네바 교육재단인 IBOInternational Baccalaureate Organization에서 만든 교육제도이다. 전 세계 146 개국에서 채택하고 75개국 2,000여 개 대학이 인정하는 국제적인 교육과정이다.

　　IB의 특징 중 하나는 평가를 한 학교나 한 나라의 단체에서 하는 것이 아니다. 학생들의 교육과 평가도 스위스 제네바에 있는 국제학위사무국International Baccalaureate Office이 모든 과정을 책임지고 주관하고 있다. IB에서는 IB 초등교육프로그램IB Primary Years Programme, IB 중등교육프로그램IB Middle School Years Programme, 그리고 IB 디플로마IB Diploma Programme를 제공한다.

　　그렇다면 왜 다들 IB를 이야기하는 것일까? 우리나라의 대학입시인 내신과 수능은 학생이 얼마나 많이 알고 있는가를 묻는다. 반면 IB는 그렇지 않다. IB는 지식과 사고 과정을 어떻게 재구성하는지를 본다. 마치 암기능력을 테스트하는 듯한 우리나라의 내신과는 정반대의 교육 방식이다. IB의 Baccalaureate는 프랑스의 논술형 대학자격시험인 '바칼로레아'와 같은 단어다.

　　지난달에 치러진 2018 프랑스 바칼로레아 문제를 보자.

이과 시험 문항

• 욕망은 우리의 불완전함에 대한 표시인가?

• 정의가 무엇인지 알기 위해서 불의를 경험하는 것이 필요한가?

• 《논리의 체계》 존 스튜어트 밀, 지문 읽고 평하기.

문과 시험 문항

• 모든 진리는 결정적인가? • 우리는 예술에 대해 무감각할 수 있나?

•《종교생활의 원초적 형태》에밀 뒤르켐, 지문 읽고 평가하기.

• 문화는 우리를 더 인간적으로 만드는가?

• 우리는 진실을 포기할 수 있나?

•《의지와 표상으로서의 세계》아르투르 쇼펜하우어, 지문 읽고 평가하기.

프랑스 학생들은 일주일 동안 하루에 두 시간에서 네 시간씩 위와 같은 주제 2900여 개 중에서 골라 답을 써야 한다.

지금 일본에서도 IB의 열풍이 불기 시작했다. 일본 교육 당국은 2020년 수능 폐지와 2018년까지 200개 공립학교에 IB를 도입하겠다고 선언했다. 2017년 일본 문부과학성의 'IB를 통한 글로벌 인재 육성방안 전문가회의 보고서'에 의하면 IB 도입의 가장 중요한 목적은 '공교육 개혁의 롤모델'을 만드는 것이다. 공교육이 개혁되면 자연스럽게 글로벌 인재도 양성될 것이고, 이 계획이 성공하면 일본만의 IB 제도가 자리잡을 것이다. 그러면 역으로 이 제도를 수출까지 할 수 있을 것이다. 이것이 일본이 IB 교육을 도입하면서 그리는 빅 픽처Big Picture이다.

IB 교육 과정은 아무 학교에서나 운영할 수 있는 것은 아니다. IBO의 까다로운 인증 절차를 거쳐야 한다. 우리나라에서는 현재 10곳 정도의 학교에서 IB 과정을 운영하고 있다. 경기외국어고등학교 국제반에서 운영 중이고, 충남삼성고등학교에서도 IB 과정을 도입하기 위해 타당성을 평가받고 있는 중이다. 그리고 나머지는 다 비싼 학비를 내야하는 국제학교들이다. 우리나라에 도입된 학교를 확인하기 위해서는 IBO의 홈페이지 www.ibo.org를 보면 알 수 있다.

라이팅의 핵심은 내용이다

라이팅 시험이 처음 도입되던 시절, 나는 유학을 가기 위해 토플 공부를 한참 하고 있을 때였다. 토플을 주관하던 ETS**Educatinal Test Service**에서는 다행히 에세이 문제를 공개했다. 처음에는 155개 정도를 공개하고, 그 다음에는 180개로 늘었다. 이 주제 중 한 개가 나의 시험에 랜덤으로 나오는 것이다. 그렇기 때문에 한 번이라도 생각해 본 주제를 만나면 그 시험의 점수는 당연히 좋을 수밖에 없었다.

처음 에세이 준비를 하던 나는 갈피를 잡을 수 없어서 강남역의 유명하다는 라이팅 강사의 수업을 들었다. 그때 에세이 실전반을 듣던 사람들은 몇 명 되지 않았다. 각자 에세이를 쓰고 그것을 같이 수업을 듣는 사람들과 바꿔서 읽어보는 형식이었다. 그때는 라이팅이 공식시험에 필수로 들어간 지 얼마 안 되던 시점이어서 ETS에서 샘플로 공개한 에세이도 없었다. 그저 알아서 해야만 했다.

같은 반에서 수업을 듣던 남자가 가장 먼저 시험을 쳤다. 그는 경영전문대학원MBA의 입학을 준비하고 있었다. 본인도 외국계 은행을 다니고 부인도 홍콩에서 은행을 다닌다고 했다.

그가 시험 문제에 나왔던 주제로 에세이를 다시 쓴 다음 우리에게 보여주었다. 어려운 단어를 쓰지는 않았지만 내용 전개가 압도적이었다. 내 주제문이 초등학생 수준이라면, 그는 어른의 생각이었다.

그에 따른 예시도 마찬가지였다. 이에 비해 내 것은 어린 시절 그 일기장 수준을 벗어나지 못했다. 일상에서 찾은 예시가 내가 생각할 수 있는 전부였다. 하지만 그는 신문기사에서나 볼 수 있는, 사회 전반적인 이야기와 그에 관한 고민들을 담고 있었다.

당시 대학생이었던 나에게 그의 에세이는 굉장히 큰 충격이었다. 나중에 그의 성적표가 나왔다. 그는 6점 만점에 5.5를 받았다. 나는 3.0을 받았다. 당연한 결과였다.

나는 180개 주제를 모두 브레인 스토밍하여 개요를 잡기로 결심했다. 워드에 표를 만들어 그 개요를 다 정리할 계획을 세웠다. 스터디 멤버 중 두 명이 나와 함께 하기로 했다. 세 명이 함께 하니 한 명당 60개만 정리하면 되었다.

그렇게 에세이 주제에 무엇을 쓸 것인지 미리 생각해 보는 것은 실제 시험에 큰 도움이 되었다. 물론 에세이를 하나씩 다 써 보고 첨삭을 받고 그것을 외워 간다면 좋은 점수를 받을 수 있겠지만 그것은 인간이기에 불가능했다.

그런데 이런 방식으로 정리를 하다 보니 문제가 생겼다. 다른 사람이 준비한 개요에 찬성할 수 없는 문제가 생겼던 것이다. 당연하다. 사람은 서로 생각이 다르니 말이다. 가끔은 내가 정리한 개요도 혹평을 받았다. 초등학생 수준의 생각이 단숨에 나아질 수는 없는 노릇이었다.

그와 내 글의 차이는 내용에 있다는 것을 확신했다. 왜냐하면 나도 문법이라면 정확하게 쓴다는 자신이 있었고, 그나마 3.0을 받은 것도 문법적으로 완벽했기 때문일 것이었다.

또한 그의 글은 타이트했고, 내 글은 느슨했다. 어른의 글과 어린 아이의 글이었다. 그의 어휘 수준은 어른이었고, 나는 초등생이었다. 내용의 수준이 올라가지 않은 다음에야 아무리 180개의 주제를 다 다뤄보고 간들 무슨 점수가 달라질까 하는 생각이

들었다. 시간낭비 같았다.

하지만 칼을 뽑았으니 여기서 포기할 수는 없었다. 180개 주제 중에서 많이 출제되는 주제를 중심으로 개요를 수정했다. 인터넷으로 신문기사를 찾아보는 것이 그때는 내가 생각할 수 있는 전부였다. 다른 사람들에게 문법을 고쳐주겠으니 에세이 쓴 것을 보여 달라고 했다. 그렇게 다른 사람의 아이디어를 베끼기도 했다. 몇 개를 수정했는지 지금은 기억나지 않는다.

처음 3.0에서 출발한 점수였지만 나도 5.0을 받을 수 있었다. 물론 그 기간이 짧지는 않았다. 1년 정도 걸린 듯하다. 아마 나머지 0.5점은 지금 생각해보니 어휘력이 아니었을까 추측해본다. 어휘력이라는 것이 이렇게 번갯불에 콩 볶듯이 1년 만에 되는 일은 아니니까.

물론 내용과 어휘력이 라이팅의 전부는 아니다. 하지만 적어도 토플 라이팅에서는 고득점의 요인이 될 수 있다.

다음은 ETS에서 샘플로 제공한 에세이다. 같은 주제에 한 에세이는 5점 만점을 받았고, 다른 에세이는 3점을 받았다. 샘플 에세이를 들여다보자.

Task Do you agree or disagree with the following statement? 'Always telling the truth is the most important consideration in any relationship.' Use specific reasons and examples to support your answer.

당신은 다음 내용에 동의하는가 아니면 동의하지 않는가? '항상 진실을 이야기하는 것은 어느 관계에서나 가장 중요하다.' 당신의 답을 지지하기 위해서 자세한 이유나 예시를 써라.

Essey 1 the traditional virtue of telling the truth in all situations is increasingly doubted by many in today's world. many believe that telling the truth is not always the best policy when dealing with people. moreover, the line of a "truth" is becoming more and more vague. this essay will explore the importance of telling the truth in relationships between people.

we all understand that often the truth is offending and may not be a very nice thing to both hear or say. lies or white lies often have their advantages. the manipulation of white lies is the most obvious the business world. how many times have we heard that some product is "the finest" or "the cheapest"? how many times have we heard that products have such and such "magical functions"? advertising is about persuasion, and many would agree that if a company is to tell the absolute truth about it's products, no one would be interested in even having a look at the products.

the same logic applies to human relationships. if your friend had worn a newly purchased dress on her birthday and energetically asked you if it was a worthy buy, would you freely express your opinion that you had never seen a dress as the one she's currently wearing? and spoil her birthday? unarguably, hiding(entirely or particially) the truth in some situations can be quite handy indeed. confrontations and disputes can seemingly be avoided.

however, there is always the risk factor of the truth emerging sooner or later when telling an untruth. the basic trust in any relationships(businessman/customer, friends, parents/children) will be blotched, and would have an impact on the future relationship between both parties. the story of the "the boy who cried wolf" fully illustrates the consequenes of telling untruths. no one will believe you when you're telling the truth. your word will have no weighting.

in addition, another "bad factor" of telling untruths is that you have absolutely no control over when the truth(of previous untruths) will emerge. untruths breed pain in both parties: tears when the truth is uncovered after a period of time; fear and the burden of sharing a "secret". in the long run, it seems that hiding the truth is not beneficial to either party.

everyone hates betrayal. even if it is the trend to occasionally hide the truth in relationships, it is strongly recommended that not to follow that trend as the risk and the consequences of the truth unfolded overwhelms the minimal advantages one can derive from not telling the truth. afterall, it is understood that relationships are founded on "trust" which goes hand in hand with "truth". indeed telling the truth is the most important consideration in any relationship between people. always.

오늘날 세계의 많은 사람들이 모든 상황에서 진실을 말하는 전통적인 미덕을 점점 더 의심하고 있다. 많은 사람들이 사람들을 다룰 때 진실을 말하는 것이 항상 최선의 방책은 아니라고 믿는다. 더군다나 진실이라는 것이 점점 모호해지고 있다. 이 에세이는 사람들 사이의 관계에서 진실을 말하는 것의 중요성을 알아볼 것이다.

우리 모두는 진실은 가끔 불쾌하고 듣거나 말하기에 좋은 것이 아닐지도 모른다는 것을 이해한다. 거짓말이나 선의의 거짓말은 모두 장점이 있다. 선의의 거짓말이 가장 쉽게 조작되는 곳은 비지니스의 세계이다. 우리는 어떤 제품이 '가장 좋은' 혹은 '가장 싼'이라고 얼마나 많이 들었는가? 우리가 또 어떤 제품이 이런 저런 '마법의 기능'을 가지고 있다고 얼마나 많이 들었는가? 광고는 설득에 관한 것이다. 많은 사람들이 회사가 절대적인 진리를 말한다면 그 제품에 대해서 아무도 관심이 없을 것이라는 것에 동의할 것이다.

동일한 논리가 인간 관계에도 적용된다. 만약 당신의 친구가 새로 산 드레스를 그녀의 생일에 입었고 잘 산 것인지 활기차게 물었다면, 당신은 그녀가 입고 있는 드레스 같은 것을 전혀 본 적이 없다는 당신의 의견을 자유롭게 표현하겠는가? 그리고 그녀의 생일을 망칠 것인가?

의심할 여지 없이, 어떤 상황에서 진실을 숨기는 것은 정말로 매우 유용할 수 있다. 대립과 논쟁은 피할 수 있는 것처럼 보인다.

그러나 진실을 말할 때는 언제나 위험 요소가 있고 그것은 곧 드러난다. 어떤 관계(사업자/고객, 친구, 부모/자녀)에 대한 기본적인 신뢰는 없어지거나 양 당사자 간의 미래 관계에 영향을 미칠 수도 있다.《양치기 소년》의 이야기는 거짓 말을 한 결과를 충분히 보여준다. 당신이 진실을 말할 때도 아무도 당신을 믿지 않을 것이다. 당신의 말은 중요하지 않게 될 것이다.

게다가 거짓을 말하는 또 다른 '나쁜 요소'는 언제 진실이 드러날지
에 대한 통제권이 전혀 없다는 것이다. 거짓은 양측에 고통을 준다: 일정
기간 후에 진실이 밝혀질 때 눈물; 비밀을 함께 하는 것에 대한 두려움과
부담. 장기적으로, 진실을 숨기는 것은 양쪽 모두에게 이익이 되지 않는
것처럼 보인다.

모든 사람들은 배신을 싫어한다. 비록 때때로 관계에서 진실을 숨기
는 경향이 있다 하더라도, 진실이 밝혀질 결과와 위험이 진실을 말하지
않음으로 인해 얻을 수 있는 최소한의 이익을 압도하기에 그러한 추세를
따르지 않는 것이 강력히 권장된다. 결국, 관계는 '진실'과 함께 하는 '신
뢰'에 기초한다고 이해된다. 사실 진실을 말하는 것은 사람들 사이의 관
계에서 가장 중요한 고려사항이다. 항상

Essey 2 Telling the truth is the most important consi-
deration in any relationship between people once you are
going to deal with this person because you first of all
must trust in this person, second nobody likes to be
treated as a fool, and the truth makes a solid relation
perdure.

First of all, the trust is going to keep a relation going

on with confidence and confidence is something really important and you're going to trust in a person only once. If you lose the trust in someone I think that you will never more be able to trust in this person again. Will you trust a very important value to someone that has already stolen you? I bet you won't.

Second, nobody like to be seen as a fool. It's not nice been as a glown. It's not a good sensation to be kept in lies while there many people who know the truth. Can you imagine the sensation of been betrayed? How can you look at someone's face that betrayed you? A relationship, in this way, won't be nice and trustful. Once I saw that for a relationship be solid you must trust in person at the point of let yourself fell back in the person arms. I mean, you trust that the person is going to be on your back to hold you on. It won't be possible with a person that lies to you.

The truth means that you can't lie and if you can't lie you won't be able to betray, once you won't be able to hide anything. If you can't betray you're going to have a perfect relationship. The truth is really the basis of a relationship.

As a conclusion, I think that the truth is really important in a relationship because it gives you some safety in this relationship, the sensation that you won't be betrayed.

진실을 말하는 것은 일단 사람을 상대할 때 가장 중요한 고려사항이다. 왜냐하면 당신은 우선 사람을 믿어야 하고, 두 번째 아무도 바보 취급을 좋아하지 않으며, 진실은 견고한 관계를 형성하기 때문이다.

무엇보다 신뢰는 자신감을 가지고 관계를 지속되게 할 것이고, 자신감은 정말로 중요한 것이며, 당신은 일단 그 사람을 신뢰하게 될 것이다. 만약 당신이 누군가로부터 신뢰를 잃는다면, 나는 당신이 사람을 더 이상 믿을 수 없을 것이라고 생각한다. 당신은 이미 당신에게서 훔친 사람에게 매우 중요한 가치가 있다고 믿을 것인가? 당신은 안 그럴 것이라고 믿는다.

둘째, 아무도 바보로 비춰지는 것을 좋아하지 않는다. 그것은 보이는 것처럼 좋지 않다. 진실을 알고 있는 많은 사람들이 있는데 거짓말을 당하는 것은 좋은 느낌이 아니다. 배신당한 느낌을 상상할 수 있는가? 너를 배신한 누군가의 얼굴을 어떻게 볼 수 있는가? 이런 식으로, 그 관계는 우호적이지 않고 신뢰적이지 않을 것이다. 일단 관계가 탄탄해지기 위해서는 자신을 어떤 시점에서는 그 사람을 믿어야 한다. 그러니까 그 사람이 널 믿어줄 것이라 믿어야 한다. 따라서 당신에게 거짓말을 하는 사람과는 이것이 불가능하다.

진실은 당신이 거짓말을 할 수 없다는 것이다. 그리고 만약 당신이 거짓말을 할 수 없고 아무것도 숨길 수 없다면 배신할 수 없을 것이다. 그리고 배신할 수 없다면 완벽한 관계를 맺게 될 것이다. 진실은 관계의 기본이다.

결론적으로, 나는 진실이 관계에서 정말 중요하다고 생각한다. 왜냐하면 진실은 당신에게 그 관계에서 안전성, 즉, 당신이 배신당하지 않을 것이라는 느낌을 주기 때문이다.

에세이 1과 2 중 어떤 것이 더 높은 점수를 받았을까?

글을 자세히 읽지 않고 얼핏 보면 첫 번째 에세이는 모든 문장의 첫 글자를 소문자로 썼다. 두 번째 에세이는 아이들이 학원에서 배우는 것처럼 에세이 포맷을 잘 지켰고, 글이 짧지 않으며 문법적인 오류도 크게 보이지 않는다. 두 번째 에세이는 주제에 집중한 듯 보이고, 첫 번째 에세이는 이 말을 했다 저 말을 하는 것 같다.

물론 이들 에세이는 점수가 다르다. 이유는 여러 가지가 있을 것이다. 여러 가지 이유 중에서 자세한 내용을 분석해보기 위해 중심 문장topic sentence만 간추려 보자.

1번 에세이

1. lies or white lies often have their advantages.

   (거짓말이나 선의의 거짓말은 모두 장점이 있다.)

2. the same logic applies to human relationships.

   (똑같은 논리가 인간 관계에 적용된다.)

3. however, there is always the risk factor of the truth emerging sooner or later when telling an untruth.

   (그러나 진실을 말할 때는 언제나 위험 요소가 있고 그것은 곧 드러난다.)

4. in addition, another "bad factor" of telling untruths is that you have absolutely no control over when the truth(of previous untruths) will emerge.

   (게다가 거짓을 말하는 것의 또 다른 '나쁜 요소'는 언제 진실이 드러날지에 대한 통제권이 전혀 없다는 것이다.)

2번 에세이

1. First of all, the trust is going to keep a relation going on with confidence and confidence is something really

important and you're going to trust in a person only once.

(무엇보다도 신뢰는 자신감을 가지고 관계를 지속하게 할 것이고, 자신감은 정말로 중요한 것이며, 당신은 일단 그 사람을 신뢰하게 될 것이다.)

2. Second, nobody like to be seen as a fool.

(두 번째, 아무도 바보처럼 보이는 것을 좋아하지 않는다.)

두 에세이의 가장 큰 차이는 글쓴이가 전달하고자 하는 주장의 개수 차이이다. 첫 번째 에세이는 글쓴이의 주장이 4개가 드러나 있다. 첫 주장에서는 거짓말이던 하얀 거짓말이던 장점이 있다는 말로 본인의 반대 주장에 대한 인정을 하였다. 그리고 다음 단락부터는 자신의 주장을 하나씩 펼쳐나갔다. 그 주장에 대한 논리가 다 근거가 맞는 것은 아니다. 하지만 각 주장은 개연성 있게 연결되어 있다.

두 번째 에세이는 중심 문장이 두 개 밖에 없다. 첫 번째 중심 문장에서는 신뢰와 자신감을 연결시키려고 했으나 두 번째 중심 문장에서 "아무도 바보로 보이는 것을 좋아하지 않는다"라는 엉뚱한 말이 튀어나왔다. 얼핏보면 문장이 길어보이지만 말이 되지 않는 문장들이고 문법에 맞지도 않아서 이해하는 데 힘이 든다. 어휘 수준이 높지도 않다. 마치 초등학생이 하는 말 정도로 들린다.

당연히 1번 에세이가 5점 만점을 받았고, 2번 에세이는 3점을 받았다. 문법이 중요한 것이 아니다. 내가 말하고자 하는 바는 에세이에서 가장 중요한 것은 '내가 무슨 말을 하고자 하는 내용'에 있다는 것이다.

내용이 왕이라면
어휘력은 여왕이다

집집마다 꼭 하나씩 가지고 있는 물건이 있다. 자주 사용하는 것은 아니지만 없으면 안 된다. 그것을 사용할 때마다 그 진가를 느끼곤 한다. 이것은 바로 '공구함'이다.

각 가정에 있는 공구함의 크기는 아마 비슷할 것이다. 그 안에 있는 도구들도 비슷하다. 물론 공구함 안에는 자주 쓰이는 도구들이 하나씩은 있을 것이다. 공구함 안의 도구들은 각각의 역할이 있고, 없어서는 안 될 것들이다.

글을 쓰는 사람도 이런 공구함을 가지고 있다. 이 글쓰기 공구함에서 가장 자주 꺼내 쓰는 도구, 그것이 사람마다 다르다 하더라도 이것은 바로 어휘력이다. 우리는 라이팅이라는 일이 생기면 이 도구 박스를 꺼내야 한다. 그중에서도 어휘력이라는 도구는 필수이다.

어휘력의 중요성은 아무리 강조해도 지나치지 않다. 이번에는 집을 짓는 것에 비교를 해보자. 우선 라이팅이 멋진 집을 짓는 것이라면, 어휘력은 집을 짓는 재료이다. 목재가 될 수도 있고, 벽돌이 될 수도 있겠다. 어휘력이 뛰어나다는 것은 집을 짓는데 재료가 풍부하다는 뜻이다.

예를 들어 나무 100개로 집을 짓는 것보다는 나무 1,000개로 짓는 집이 더 크고 튼튼하고, 한 가지 재료만으로 집을 짓는 것보다는 여러 재료로 집을 짓는 것이 더 디자인적으로 뛰어나고 훌륭한 집을 지을 수 있지 않겠는가.

문법은 접착제와 같다. 재료가 아무리 훌륭해도 접착제를 제대로 바르지 않는다면 그 집은 언제 무너질지 모른다. 접착제 없이는 집을 완성할 수도 없다. 좋은 접착제로 탄탄히 올려간다면 어떤 천재지변에도 꼼짝하지 않는 튼튼한 집이 될 것이다.

사실 외국인은 문법 없이 단어만 나열해도 우리가 하는 말이 무슨 뜻인지 대충 알아듣는다. 한국어도 마찬가지다. 외국인이 우리에게 단어만 나열해도 무엇을 말하려고 하는지 알아들을 수 있는 것과 똑같다.

예를 들어 "Where is a toilet?(화장실이 어딘가요?)"란 말을 하고 싶다. 하지만 너무 급하다 보니 의문문이 머릿속에서 확 떠오르지 않는다. 얼떨결에 "Where? Toilet?(어디? 화장실?)"이라고 뱉어버렸다. 그래도 외국인은 나의 개떡 같은 영어를 찰떡 같이 알아듣고는 화장실이 어디 있는지 알려준다.

외운 단어를 자꾸만 잊어버린다

"원장님, 애가 얼마 전에 외웠던 단어가 또 나왔는데 모르네요. 어떡하죠?"

"단어는 자꾸 잊어버리는 것이 정상입니다. 그러니까 계속 외우는 거죠."

어린 아이가 단어를 배우는 가장 좋은 방법은 수없이 많이 노출이 되는 것이다. 아이들은 매일 새로운 단어와 마주친다. 책을 통해서나 TV에서, 친구들과 대화하면서, 선생님 혹은 부모님의 말씀에서 반복적으로 다시 마주침으로써 단어를 습득한다. 한번 외워서 그 단어를 잊어버리지 않을 것이라는 것은 그저 부모의 희망이자 욕심이다.

오래 전 GRE(미국 대학원 자격시험)라는 시험을 공부할 때이다. 그 시험에는 Verbal(언어)이라는 파트가 있는데 단어 문제가 나온다. 주로 단어의 관계를 물어보는데 동의어, 반의어 관계를 물어보는 문제가 많았던 기억이 난다.

그 당시는 지금처럼 인터넷이 발달하지 않았다. 대부분의 학생들이 영어 사전을 가지고 공부했다. 나도 GRE의 단어 파트를 공부하기 위해 아주 두꺼운 동의어 사전을 샀고, 지금도 책장에 꽂혀 있다.

외워야 할 단어의 양이 워낙 많아서 단어집을 만드는 것은 아예 시도도 하지 않았다. 그 대신 색깔 볼펜을 샀다. 처음 단어를 찾을 때는 샤프, 두 번째 같은 단어는 검은색 볼펜, 세 번째는 파란색, 네 번째는 초록색, 다섯 번째는 빨간색, 여섯 번째는 노란색, 그리고 일곱 번째는 주황색 형광펜으로 칠하기로 규칙을 세웠다.

이렇게 일곱 번째까지 준비한 이유는 당시 선생님의 말씀 때문이다. hospital 하면 병원, school 하면 학교처럼 단어가 자동 반사적으로 툭 튀어나오기까지는 27번을 까먹고 다시 암기하고, 그런 과정을 거쳐야만 완전한 내 것이 될 수 있다고 말씀하셨던 것이다. 나는 27번까지는 모르겠지만 7번까지는 어떻게 해봐야겠다고 생각했던 것이다.

참 신기한 것은 노란 형광펜으로 칠하면서도 그 단어를 찾은 기억조차 안 나는 경우도 있었다. 어쩜 그렇게 새까맣게 기억이 안 날 수 있는지 신기했다. 하지만 그런 방법으로 단어를 외우기 시작한지 오래지 않아 그 시험에서 원하는 점수를 받았고, 졸업할 수 있었다.

최소한의 문법으로
최대한의 효과 얻기

6학년이 되어서야 나는 처음으로 영어를 배우기 시작했다. 물론 그 전에 알파벳이나 간단한 단어 같은 것들은 알고 있었다. 6학년이 된 어느 날, 엄마는 중학생이 되려면 준비를 해야 한다면서 중학교 영어 교과서를 구해 오셨다. 나는 그 영어책의 테이프를 듣고 암기하면서 영어 공부를 처음 시작했다.

라이팅을 처음 시작한 것이 언제였는지는 잘 기억이 나지 않는다. 아마 영문법 책 뒤에 나와 있는 한글을 보고 배운 문법을 써서 문장을 쓰는 것이 나의 영어 글쓰기의 첫 시작이 아니었을까 생각해본다.

그래서인지 내 또래의 엄마들은 영어 라이팅을 시작하기 전에 문법을 시작해야 한다는 생각이 강하다. 또 라이팅은 정확히 문법에 맞춰 써야 하는 것이라고 생각한다. 하지만 여러 번 말했듯이 이것은 학부모들이 가장 많이 하는 오해 중 하나이다.

요새는 많은 엄마들이 아이에게 일찍 영어를 가르친다. 아이에게 언어로서 영어를 가르치기 위해서란다. 특히 인터넷이 발달하면서 자료도 풍부해졌고, 서로의 성공담, 실패담을 공유하면서 엄마표 영어가 빛을 발하기 시작했다. 엄마의 영어 실력과 상관없이 아이에게 원어민이 언어를 가르치는 방식과 유사하게 가르칠 수 있는 방법이 여럿 생겨난 것이다.

하지만 대부분의 엄마들은 언어로서 영어를 배워본 적이 없기에 과목으로서의 영어와 언어로서 영어의 경계를 넘나들기 시작한다.

특히 라이팅은 더 그렇다. 라이팅은 단어와 문법이 전부라고 생각한다. 만약 '나는 그렇지 않다'면 당신은 문법을 가르치지 않아도 아이에게 차고 넘치게 인풋을 하면 자연히 단어도 익히고 문법도 깨우칠 것이라고 생각할지 모른다.

이것도 라이팅이 단어와 문법이 전부라고 말하는 것과 똑같이 잘못 생각하고 있는 것이다. 물론 정말 100명 중 한 명, 혹은

1,000명 중 한 명 정도 저절로 되는 아이도 있다. 하지만 그 아이가 내 아이일 가능성은 몇 퍼센트일지 묻고 싶다.

문법도 배워야 한다

촘스키라는 유명한 언어학자가 1960년대에 보편문법Universal Grammar이라는 이론을 발표했다. 보편문법이란 인간이 태어날 때 타고 태어나는 언어습득 능력으로 이를 통해 아이들이 언어의 규칙을 습득한다는 이론이다.

모국어를 배울 때 아이들이 받는 인풋에는 각자 양과 질에서 차이가 있다. 하지만 일정한 나이가 되면 모국어를 유창하게 말하지 못하는 아이들은 없다. 아이가 언어의 규칙을 스스로 습득하는 것이다.

우리도 마찬가지다. 아이들은 한국어 문법을 가르치지 않아도 '간다', '갈 것이다', '갔다'를 다 구별해서 이해하고 말할 수 있다. 이러한 아이들의 언어 습득 현상을 설명하는 것이 보편문법 이론이다.

촘스키는 1928년에 태어나 29세에 MIT 대학의 부교수, 32세에 정교수, 37세에 석좌교수로 임용되었다. 그는 70권이 넘는 책을 썼고, 1,000편이 넘는 논문을 발표했다. 지금도 여전히 페이스북을 통해 대중과 소통하고 있다. 촘스키는 언어학에 한 획을 그은 학자이다. 그의 이 보편문법 이론도 오랫동안 학자들에게 사랑을 받아왔다.

하지만 10~20년 전부터 이에 반대되는 의견에도 힘이 실리고 유의미한 자료가 모아지기 시작했다. 2017년 2월 스탠포드 뉴스에 한 기사가 실렸다.

'Toddlers grammar skills not inherent, but learned.'
('유아의 문법 능력은 타고나는 것이 아니라 배우는 것이다.')

스탠포드의 심리학자 마이클 프랭크와 다른 연구자들은 아이들의 말을 분석하기 위해 새로운 통계적 방법을 사용했다. 그리고 걸음마를 하는 아이들이 문법적 지식을 시간과 연습을 통해 발전시켜 나간다는 증거를 발견했다.

과거의 연구들에서는 어린 아이들이 'a'나 'the'를 정확하게 사용하는 것을 보통 문법의 증거로 들었다. 하지만 프랭크는 아이들이 어른 흉내를 낸 것인지 아니면 정확하게 그 원리를 이해한 것인지는 구별하기 힘들었다.

이 상황을 설명하기 위해 프랭크와 팀은 새로운 통계적 모델을 만들어 아이들의 문법이 시간이 지나면서 어떻게 변하는지를 측정했다. 27명의 어린 아이들을 관찰했다. 이 실험을 통해 아이들이 말하는 것과 어른으로부터 들은 것을 구별하면서 어떤 것이 모방이고 어떤 것이 일반화된 것인지 분리시켰다.

결론적으로 아이들은 규칙을 기반으로 하는 문법을 계속해서 사용하지 않았다고 한다. 어린 아이들은 'a'나 'the'같은 규칙을 언제는 맞게 사용하고, 어떤 때는 틀리게 사용했다. 하지만 나이가 들어갈수록 점점 더 정확하게 사용하는 횟수가 늘어났다.

다시 정리하자면, 촘스키의 이론대로 언어를 배우는 능력은 타고난다는 것도 일리 있지만, 언어는 배우는 것이라는 의견도 맞다는 것이다. 거의 반반이라는 것이다.

그러니까 우리는 기죽지 말고 배워야 한다. 나 또한 대학원에서 공부할 때 읽었던 한 저널의 내용이 마음에 위안이 되었다. 성인이 되어 노력해도 네이티브에 가까운 언어 실력을 얻을 수 있다는 내용이었다. 이것은 내 대학원 생활을 지탱할 수 있는 힘이 되었다.

문법은 언제나 뜨거운 감자이다. 어릴 때부터 영어 스피킹을 시작한 엄마들은 문법이 마치 한국 영어 교육의 적폐인 것처럼 최대한 늦게 시켜야 된다고 생각한다. 반면 영어 조기교육을 부정하는 엄마들은 어차피 내신은 문법이니 이것만 잘 잡아 놓으면 대학에 가서 정말 영어가 필요할 때 영어 말하기를 해도 된다고 믿는다.

왜 중간은 없는 것일까? 내가 항상 강조하는 말이 있다.

"전략적으로 공부하라."

문법도 마찬가지다. 두 가지의 양분법적 논리에서 중간을 찾아 전략적으로 배워야 한다. 전략을 잘 세워야만 노력 대비 최상의 효과를 거둘 수 있다.

나의 전략을 한마디로 설명하면 아주 쉽고 필수적인 문법부터 조금씩, 하지만 완벽하게 가르치는 것이다.

아이들이 어릴 때 학습지를 하는 것처럼 하루에 한 장씩, 일주일에 3일만 해도 나중에 문법을 따로 하지 않아도 될 만큼 학습 성취도를 높일 수 있다. 예를 들어 명사의 단수형 복수형은 아이들도 필요하고 쉽게 할 수 있는 문법이다. 또 동사의 현재형 과거형 미래형, 그리고 의문문만 잘 만들어도 아이들이 훨씬 쉽게 문법을 완성할 수 있다.

　문제는 "언제부터 문법을 시작해야 할까요?"라고 묻는 것이다. 왜냐하면 이렇게 문법을 조금씩 해주는 학원이 없기 때문이다. 문법을 시작하려면 시간을 마련해야 하고, 적당한 교재를 사야 한다. 누가 자기 자식을 돌보듯 하루에 한 장씩 풀어주겠나.

　게다가 아직도 중고등학교 내신 시험에는 문법이 왕이다. 그렇다 보니 수많은 문법 교재들이 넘쳐나고 있다. 이 중에서도 중요하게 공부해야 할 문법을 골라서 공부해야 하는데 전문가가 아닌 학부모들은 어떤 것이 중요한 문법인지, 적당한 교재는 무엇인지 잘 모른다.

　사실 내신에 잘 나오는 문법, 라이팅에 많이 쓰이는 문법, 그리고 공인인증 시험에 잘 나오는 문법이 다 다르다. 왜 이렇게 다른 건지 나도 이유는 잘 모르겠다.

　하지만 뼈대는 다르지 않다. 그러니까 고정 관념을 약간 털어내고 가랑비에 옷 젖듯이 조금씩 하면 된다. 이것이 비결이다.

Chapter 3

단어부터
짧은 문장까지
쓰기

단어라는 첫 단추 끼우기

어휘력이 중요하다는 이야기는 앞에서 했다. 어휘력을 올리기 위해서는 단어를 외워야 할 텐데 그렇다면 언제가 적기일까?

물론 정답은 '아이마다 다르다'이다. 아이를 위해 한 영어 유치원에 상담을 갔을 때다. 그 학원 원장은 파일을 하나 꺼내 보여주었다. 그 파일은 유치원 아이들이 라이팅을 한 종이들을 모아둔 것이었다.

물론 잘하는 아이들이 쓴 글들만 담겨 있었을 것이다. 그래도 내 머릿속에는 '우리 아이가 한글을 쓴다고 해도 저렇게 잘 쓸 수 있을까?'라는 생각이 맴돌았다. 우리나라 나이로 한글도 잘못 쓸 법한 6~7살 아이들이 영어로 글을 줄줄 쓴다는 사실이 충격이었다. 그리고 부러웠다.

특별한 아이들은 제외한다고 치고, 그럼 내 아이는 언제부터 영어 단어를 외울 수 있을까? 뭔가를 쓰려면 스펠링을 알아야 될 것이 아닌가.

사실 나는 아이에게 한글도 가르치지 않았다. 그저 열심히 책을 읽어주니 아이가 한글을 쓰기 시작하더라는 풍문처럼 우리 아이도 한글을 가르치지 않아도 아이는 글을 읽기 시작했고, 글을 쓰기 시작했다.

우리 아이에게 영어도 읽기만 가르쳐 놓으면 막 쓸 줄 알았다. 그러나 그 읽기도 쉽지 않다는 사실을 세월이 한참 흐른 뒤에야 알게 되었다. 그리고 쓰기는 더군다나 더 힘들었다.

하지만 나는 오랜 경험을 바탕으로 대부분의 아이들 즉, 유치원에서 영어를 처음 접하고 초등학교에 가서 영어학원에 처음 다니기 시작하는 아이들은 초1~2 정도에서부터 스펠링 외우는 것을 어려워하지 않는다는 것을 알았다.

이런 아이들의 특징은 스펠링 암기를 시작하기 전에 리딩 레벨이 충분히 올라와 있는 것이 보통이다. 3학년이나 4학년 때, 상대적으로 늦은 나이에 영어를 처음 시작하는 아이들은 단어를 스펠링까지 암기해가면서 리딩 레벨을 올리는 것이 맞다.

다시 한번 말하지만 아이마다 다르다. 내 아이가 이 경우에 못 미친다고 아이를 잡으면 안 된다. 우리 아이도 이 평균에 미치지 못했다. 하지만 아이는 지극히 정상이고 잘 하고 있다.

아이가 언제 영어를 시작하는가에 따라 편차가 생기기도 한다. 결정적인 것은 아이의 관심과 흥미와 의지이다. 또 이런 것들은 나중에 영어 레벨에 전혀 영향을 미치지 않는다. 그저 출발점이 다를 뿐이다.

게다가 단어 시험을 보기 위해 스펠링과 뜻을 외우는 능력과 라이팅을 잘하는 능력과는 관계가 없다.

가끔 단어를 굉장히 빨리 그리고 정확하게 외우는 아이들이 있다. 그런 아이의 엄마들이 항상 상담할 때 하는 말이 있다. 빨리 외우고 빨리 잊어버리는 것 같다고.

그 말이 맞다. 시험을 잘보기 위해 스펠링과 틀린 발음으로 한글의 뜻을 끼워 맞춰서 외우는 방법은 대부분의 학원에서 하고 있지만 그 단어가 모두 장기 기억저장소에 저장되는 것은 아니다. 그저 그날의 단어시험에 통과하여 빨리 집에 가고 싶은 아이의 의지가 드러난 행동일 뿐이다.

어휘력을 쌓으려면 이보다 더 공을 들여야 한다.

부모의 관심이 아이의 영어 실력을 좌우한다

미국에서 행해진 한 유명한 연구가 있다. 미국 어린이의 단어 발달에 관한 연구였다. 그 연구에는 두 어린이가 나온다. 한 어린이는 부모가 전문직인 가정에서 자랐다. 또 다른 어린이는 생활보호 대상자인 가정에서 자랐다. 두 어린이들이 생후 7~9주부터 2년 반 동안 매월 60분간 아이들이 어떤 언어에 노출되는지를 녹음하여 분석하였다.

그 연구를 바탕으로 전문직 가정에서 자란 아이는 1년 동안 1,100만 단어를 들을 수 있었고, 생활보호 대상자 가정에서 자란 어린이는 300만 단어에 노출될 수 있었을 것이라는 결과를 얻었다.

더 놀라운 것은 이 차이는 아이들이 자랄수록 더 커진다는 사실이었다. 13살 정도가 되면 유치원 시절에 단어를 많이 알았던 아이와 그렇지 않은 아이는 리딩 레벨에서 5.2년 정도의 차이가 난다. 즉, 13살 중에서 어휘력이 좋은 아이들은 이미 고등학생 수준의 어휘력을 구사할 수 있고, 그렇지 않은 아이들은 저학년 수준의 어휘력에서 머물고 있다는 것이다. 정말 대단한 차이다.

이 연구에서는 아이들이 가정에서 언어에 많이 노출될수록 아이는 더 많은 언어를 배운다고 말한다. 그리고 단어를 많이 알면 알수록 아이는 더 잘 읽을 수 있다. 잘 읽으면 잘 읽을수록 아이들은 더 많은 단어를 배우게 된다. 마치 다람쥐 쳇바퀴처럼 긍정적인 면이 다른 긍정적인 결과를 끌어내고 그것은 또 다른 장점이 강화된다. 어떻게 보면 참으로 무서운 사실이고, 어떻게 보면 참 쉽다. 어휘력만 튼튼하게 쌓으면 많은 것이 저절로 된다는 말이니까.

이 연구를 했던 캔자스대학교 심리학자 베티 하트Betty Hart와 토드 리즐리Todd Risley는 2003년 또 다른 연구 결과를 발표했다. 부모가 사용하는 어휘와 자녀가 사용하는 어휘가 86~98% 일치한다는 내용이다.

엄마표 영어가 중요한 이유가 여기에 있다. 엄마가 배우고 알고 말을 사용해야 아이들이 따라온다. 물론 직장맘들은 학원에 보낼 수밖에 없다. 하지만 엄마가 관심을 가지고 배운 것을 확인하고, 숙제를 체크하는 아이와 학원비만 결재하는 엄마의 아이는 확실히 차이가 있다. 아니 차이가 크다. 학원에 돈만 갖다 준다고 아이들이 저절로 된다면 이 세상에 영어를 못할 아이는 없다. 아이들은 부모의 관심을 먹고 성장하니까.

영어도 마찬가지다. 부모의 관심이다. 부모의 영어 실력이 아니라 관심이다.

단어 암기
단계별 노하우

 STEP 1 플래시 카드를 이용하여 단어 외우기

플래시 카드는 앞장에는 그림, 뒷장에는 글씨가 쓰여 있는 단어 카드를 말한다. 플래시 카드는 간단하면서도 다재다능하지만 다소 과소 평가되어 있는 학습도구라고 하겠다.

하워드 가드너Howard Gardner의 다중지능이론multiple intelligence theory은 교사들에게 어떤 수업이라도 그 반에는 여러 종류의 학습자가 있다는 것을 상기시킨다.

가드너의 연구에 따르면 교사는 다양한 학습자 유형 모두의 관심을 끌 수 있어야 한다. 특히 시각적으로 학습자에게 호소하는 것이 중요하다. 왜냐하면 이런 유형의 학습자의 비율이 매우 높기 때문이다.

다채로운 색깔의 플래시 카드는 시각적 학습자에게 매우 효과적이다. 특히 모든 단계의 학습에서 유용하게 사용할 수 있다. 교실 혹은 집에서 단어를 연습하고 복습할 수 있는 좋은 방법이다. 또 만들어 쓰기에도 용이하다.

영어를 시작하면서 파닉스 단계 특히 처음 읽기를 시작하기까지가 가장 인내심이 필요하다. 엄마 입장에서는 분명히 인풋input을 열심히 하고 있는데 아웃풋output이 쌓이는 것 같지 않고, 말하기가 느리다. 그런데 옆집 아이는 간단한 책을 술술 따라 읽기 시작한다. 이때가 중요하다.

엄마는 절대 초조해 하거나 조급함을 보여서는 안 된다. 아이가 처음 한글을 배울 때처럼 재미있는 놀이를 통해 어휘력을 쌓아줄 수 있는 적기로 활용해야 한다.

플래쉬 카드는 시중에서도 쉽게 구할 수 있지만 기왕이면 무료로 출력할 수 있는 웹사이트를 소개한다.

◆ BBC 플래쉬 단어

https://learnenglishkids.britishcouncil.org/en/flashcards

이 사이트에는 굉장히 많은 플래쉬 카드를 제공한다. pdf 파일로 다운받아 색칠할 수 있다. 단점은 발음을 제공하지 않는다.

◆ 키즈 페이지

http://www.kids-pages.com/flashcards.htm

부모와 선생님을 위한 교육자료를 제공하는 사이트다. 플래쉬 카드는 77개의 타이틀 아래 총 230개의 단어를 제공한다. 이외에 다른 자료들도 많다.

◆ 슈퍼 심플

https://supersimpleonline.com/resource-type/flashcards/

웹사이트 이름처럼 알파벳, 숫자, 음식 이름, 감정, 날씨, 요일

등 간단한 단어의 플래쉬 카드를 귀여운 그림과 함께 제공한다.

◆ **이에스엘 키즈**

http://esl-kids.com/flashcards/flashcards.html

단어 하나에 큰 사이즈와 작은 사이즈, 두 가지 버전의 카드를 제공한다. 카드 하나에 단어의 설명이 있는 것과 없는 것, 두 가지 종류가 있다. 없는 것은 카드에 직접 설명을 써볼 수 있다.

◆ **이에스엘 플래쉬 카드**

https://www.eslflashcards.com/

동사, 형용사, 신체 부분 등의 플래쉬 카드를 제공한다. 카테고리가 다른 사이트보다 조금 더 자세히 분류되어 있다. 단어도 조금 더 수준 있는 단어들의 플래쉬 카드를 제공한다. 업데이트도 꾸준히 되고 있다.

STEP 2 사이트 워드Sight Words

미국 아이들은 어떤 단어들을 외울까? 원어민 아이들이 많이 보는 단어 교재를 보면 사이트 워드Sight Word라는 말이 있다.

사이트 워드란 아이들이 자주 마주치는 단어를 의미한다. 즉, 아이의 나이에 맞는 어떤 책을 펴든지 마주하게 되는 단어를 말한다. 미국 교육 현장에서는 그 단어를 통으로 외워서 저절로 인식하여 익히기를 권장한다.

사이트 워드를 익히면 그 레벨의 어떤 책을 읽더라도 최소한 절반 이상의 단어를 이해할 수 있다. 따라서 단어의 뜻을 생각할 필요가 없어짐으로써 아이들이 책에 더 집중할 수 있게 된다.

많은 사이트 워드는 파닉스의 규칙에 따르지 않는다. 그래서 통문자로 가르치는 것이 훨씬 효과적이다. 스펠링도 외우면 좋다. 또 사이트 워드 중에는 발음은 같지만 뜻이 다르거나 스펠링이 다른 단어도 꽤 있다. 예를 들면 two(둘)와 too(또한), ate(먹었다)와 eight(여덟) 등이 그런 단어들이다.

그렇다면 아이들은 얼마나 많은 단어를 알아야 하는 걸까? 평균적으로 미국 아이들이 3살이 되면 900~1,000개의 단어를 알게 된다고 한다. 4살이 되면 1,500~1,600개, 5살이 되면 2,000개가 넘어간다. 6살이 되면 2,600개 정도의 단어를 알고 표현한다.

물론 아이가 이해할 수 있는 단어는 이 숫자보다 훨씬 많다. 여기서 말하는 단어들이란 아이가 말로 표현할 수 있는 단어를 말한다. 실제로 이해하고 알고 있는 단어의 숫자는 더 많다고 보면 된다.

어휘력은 정말 중요하다. 아이가 단어를 공부하지 않은 채 읽기 레벨을 올리면 이것은 모래성과 다름없다. 그렇다고 우리 아이들이 책을 읽지 않고 주야장천 단어만 외우라는 것도 아니다. 항상 밸런스를 맞추는 것이 중요하고 또 어렵다.

몇 살 때 단어를 몇 개는 알아야 하고, 리딩 레벨이 얼마일 때 몇 개의 단어를 알아야 한다고는 말할 수 없다.

그렇게 말하는 순간 영어는 처음 이 책을 시작할 때 말했던 새로운 세상을 열어주는 창이 아니게 된다. 모든 학부모가 아이들이 그 개수의 단어를 외우게 하기 위해 또 다른 경쟁을 시작할 것이기 때문이다.

내 아이에 맞는 속도는 아이와 엄마가 같이 찾아야 한다. 물론 선생님 등 전문가의 도움을 받을 수도 있다. 중요한 것은 어휘력과 리딩 레벨은 일인 이각 경기처럼 같이 가야 한다는 사실이다.

◆ **미세스 퍼킨스 돌치 사이트 워드**

http://www.mrsperkins.com/dolch.htm

퍼킨스 돌치 박사가 아이들의 책에서 정리한 사이트 워드들이 학년별로 나와 있다. 단어 리스트 뿐만 아니라 플래쉬 카드로도 제공된다.

 **교재 사다리 타기**

미국 교육은 우리나라보다 어휘력 쌓기에 훨씬 더 공을 들이고 있는 듯하다. 아마존 같은 온라인 서점에서 수많은 어휘 교재들

을 팔고 있는 것을 보면 알 수 있다.

이런 어휘 교재들을 적극 활용하는 것이 좋다. 왜냐하면 우리가 어렸을 적 단어를 외우기 위해 뜻을 외우고 스펠링 시험을 보던 그 옛날과는 다르게 요즘 교재에서는 여러 가지 액티비티를 제공하기 때문이다.

이 교재들을 살펴보면 출판사별, 학년별 단어와 난이도가 다르다. 아래의 교재들을 공부하기 전 가장 먼저 해야 할 일은 내 아이에게 맞는 레벨의 교재를 찾는 것이다.

아이가 70~80% 정도 단어를 맞출 수 있는 교재집을 선택하는 것이 적당하다. 그리고 아이가 단어집의 90%를 맞춘다면 다른 출판사에서 나온 비슷한 레벨의 단어집을 선택한다. 그 단어집도 쉽게 끝나면 또 다른 출판사의 비슷한 레벨의 단어집을 선택한다. 90% 정도가 나오기 전까지는 같은 레벨의 문제집을 계속 풀어주면 된다.

나는 대학 입시에 실패해 재수했다. 그때 유명한 재수 학원이 있었다. 지금은 그 학원이 아직도 유명한지 모르겠다. 그 학원 친구들이 다 열심히 공부한 것은 아니었다. 하지만 열심히 하는 애들은 진짜 열심히 했다.

같은 반에 친구가 한 명 생겼다. 그 친구는 지금도 나의 가장 친한 친구 중 하나다. 그 친구가 어느 날 엄청난 이야기를 들었다면서 나에게 비밀 하나를 이야기해주었다.

그녀의 고등학교 동창 중 한 명이 아래층에 있는 반에 다니는데 요새 모의고사 성적이 정체 중이라서 고민이었다. 그녀는 누가 이기나 해보자는 마음으로 서점에 나온 문제집들을 거의 다 풀었다고 한다. 그 후 정체 중이었던 점수는 만점이라는 점수로 보답을 받았다는 것이다.

그 친구의 이야기는 꽤나 놀라웠다. 지금이야 시중에 나와 있는 문제집이 정말 많지만 그 당시에는 문제집이 지금만큼 많지는 않았다. 하지만 지금처럼 치열하게 공부하지 않았기 때문에 충분히 가능할 것이라는 생각이 들었다. 결국 그녀는 치대를 졸업하고 지금 멋진 치과 의사가 되었다.

지금 내가 모든 출판사의 단어 교재들을 다 풀어야 한다고 말하는 것은 아니다. 무엇인가 어느 일정한 단계를 뛰어넘으려면 그 정도의 노력이 필요하다는 것을 말하고 있는 것이다.

엄마표를 하다 실패하는 엄마들의 가장 큰 특징은 '재미'와 '놀이'만 지향했기 때문이다. 분명 아이에게는 어느 순간 지겨워하고 어느 순간 힘들어 할 때가 찾아온다. 그때는 엄마가 악역을 좀 해야 한다. 그것이 어렵다면 학원을 보내는 수밖에 없다.

다음은 우리가 참고해 볼 수 있는 다양한 어휘 교재들을 소개한다.

- 《Spectrum Sight Words and Spelling》

- 《Wordly Wise 3000》

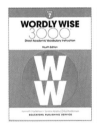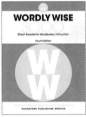

- 《Treasures Spelling Practice Book》

- 《180 Days of High-Frequency Words》

- 《100 words Kids need to Read》

• 《**A word A day**》

 **STEP 4** 책에 있는 단어 외우기

아이의 리딩 책에 있는 단어를 외우는 것도 좋다. 단어를 외우지
않고 지나가면 그 책의 시리즈가 다 끝나갈 때까지 그 단어를 모
를 수도 있다. 그러면 이해력이 떨어진다. 엄마표를 하는 수많은
엄마들이 이렇게 말한다. 리딩을 충분히 하면 단어의 뜻을 저절
로 알게 된다고. 이것도 맞는 말이다.

하지만 단어를 외우면 하루에 3시간 노출해야 하는 영어 시
간이 조금 줄어들 수 있다. 단계별로 1000권을 읽어야 했다면
단어를 외우면 그 절반만 해도 다음 단계로 올라갈 수 있는 힘이
생긴다.

아이를 잠깐 대치동에 있는 리딩 전문학원에 보낸 적이 있다.

말레이시아에 있는 국제 학교의 첫 방학이었다. 나는 아이의 영어 실력이 떨어질까 걱정스러웠고, 두 달 동안 아이를 집에서 데리고 있을 자신도 없었다. 이미 6개월이란 기간을 오로지 아이와 있었다. 아이도 학원에 다니는 것에 대해 적극적이었다. 아이도 한국 선생님, 한국 친구들에 목말라 있었다. 그리고 무엇보다도 아이의 리딩 레벨을 올리는 것이 우리에게 떨어진 발등의 불이었다.

이 리딩 학원 스타일은 숙제가 단어 암기였다. 그러면 아이는 학원에서 책을 읽고 그것을 말로 요약을 하고 선생님의 질문에 대답을 한다. 만약 대답을 잘 하지 못하면 아이는 그 챕터를 다시 읽어야 한다. 원래 딱 2달만 다니기로 한 학원이었다. 마지막에는 다시 돌아갈 준비를 하느라 바빠 8주를 채우지도 못하고 6주만 수업하러 갔다.

결론적으로는 성공이었다. 처음에는 아이가 이런 두꺼운 책, 글씨가 작은 책을 읽을 수 있을까 싶었다. 시작이 반이라고 아이는 내 생각보다 잘 적응했지만 역시나 단어 암기는 삐걱대기 시작했다.

단어 외우는 속도가 책 읽는 속도를 따라가지 못했다. 하지만 상관없었다. 나오는 단어가 또 나오고 또 나오기 때문이었다. 아이에게 오전에 10개, 오후에 10개를 외우라고 했다. 단어 뜻을 기억하지 못해도 상관없다. 다 기억하지 못하는 것이 정상이다. 내가 발음을 불러주면 아이는 스펠링을 쓰고 단어 뜻도 썼다. 발음이 헷갈리는 것은 온라인 사전을 썼다. 스펠링을 외우기 힘들어 하는 날은 발음과 뜻만 외웠다. 다 괜찮다. 중요한 것은 아이가 하루에 20개씩 꾸준히 외운다는 것이었다.

아이가 읽는 책 시리즈가 1권에서 5권이 되어가자 아이는 기억하는 단어가 생기기 시작했다. 그리고 기억하는 문장들도 생기기 시작했다.

"엄마, peek이 '훔쳐보다' 맞지?"

아빠의 안경을 잘 고쳐주면서 "Dad put his glasses into the place.(아빠는 안경을 고쳤다.)"라며 응용도 했다.

책을 읽으면서 마주치는 단어들을 외우는 것은 정확하게 읽으면서 그 뜻을 아는 것이 어휘력을 쌓는데 효과적이다. 그 이유는 책에서 주어지는 문맥과 문장 때문이다. 문맥에서 새로운 단어들이 어떤 상황에 쓰이는지 알 수 있고 예문도 함께 알 수 있다. 하지만 본인의 수준에 알맞은 책을 골라야 한다.

그렇다면 어떤 책이 나의 아이에게 알맞은 책일까? 가장 쉬운 방법은 책을 펴고, 다음 손가락도 같이 편다. 그리고 한 페이지를 읽는다. 그 페이지를 읽어 내려가면서 모르는 단어가 나오면 손가락을 접는다. 한 페이지에 모르는 단어가 5개가 넘어가면 그 책은 아이에게 너무 어려운 책이다. 그리고 책에 나오는 모든 모르는 단어를 다 외우려고 하지 마라. 넘치는 것보다는 차라리 모자란 것이 낫다.

두 번째 방법은 리딩 레벨에 맞춰 읽히는 방법이다. 리딩 레벨을 측정하는 방법에는 여러 가지가 있다. 그중에서 우리나라에서 가장 많이 사용되는 방법은 렉사일 레벨과 AR 레벨이다. 이 두 가지 방법을 사용하여 아이에게 맞는 레벨의 책을 골라주면 된다. 리딩 레벨에 관해서는 이 책의 Chapter1에서 이미 다뤘다.

◆ 단어 암기를 도와주는 사이트 – 퀴즈렛

퀴즈렛은 가르치는 사람이 단어를 암기하는 셋트를 직접 만들 수 있다. 게다가 다른 사람들이 이미 만들어 놓은 퀴즈를 이용할 수도 있다.

첫 문장 시작하기
: 3~5단어로 문장쓰기

처음 문장을 쓰는 것은 누구에게나 떨리고 어렵다. 그러나 막상 시작하고 나면 그 어려움이 별것 아니었다는 것을 금방 알 수 있을 것이다.

글을 쓰기 위해 필요한 단어들은 앞에서 설명했다. 이제 문장을 쓸 차례다. 아이들이 가장 쉽게 많이 쓰는 문장은 '~는 ~을 ~습니다.' 이다.

하지만 영어는 우리말과 어순이 다르다. 아이가 이것을 모르고 있다면 간단하게 규칙을 설명해 주어야 한다. 어려운 '주어'라는 문법 용어를 쓰지 않아도 괜찮다. 'who' 또는 '누가'라고 정확히 알려줘야 한다. 그리고 'what' 즉 '무엇을'에 해당하는 말이 와야 한다는 것을 설명해준다.

사실 리딩 레벨이 미국 초등학교 기준 2학년 정도 되는 아이들은 이미 알고 있는 경우가 많다. 아이의 리딩 레벨이 미국 2학년 수준이 되지 않았거나 한국 2학년의 나이가 안 되었다면 지금 시작하지 않아도 괜찮다.

리딩 레벨이 여기에 미치지 못한다면 책을 읽으면서 어휘력을 쌓는데 힘쓰자. 문장쓰기는 나중에 시작해도 늦지 않다. 무조건 레벨을 올리는데 집착하면 나중에 잃는 것이 많다는 사실을 명심해야 한다.

지금 소개하는 활동은 영어 일기 쓰는 것이 아직은 부담스러운 아이들이 처음 시작하기 좋은 활동이다. 아이들이 외운 단어를 이용하는 것이 좋다. 예를 들어 오늘 playground(운동장, 놀이터)를 배웠다면 이를 이용하여 문장을 쓰는 것이다. 아이들은 보통 이런 식으로 영작한다.

I like playground.(나는 놀이터를 좋아한다.)

I play playground.(나는 놀이터에서 논다.)

I go to playground.(나는 놀이터에 간다.)

보통 아이들은 이 세 가지 문장 중 하나를 써 놓았을 것이다. 이러면 엄마는 막 손과 입이 근질근질하다. 이것을 고쳐줘야 하는지 어디까지 고쳐줘야 하는지 갈등이 생긴다.

이런 활동을 1주일에 2~3번 한다고 치고, 적어도 석 달은 그냥 뒤라. 아이에게 창조의 기쁨을 누리도록 허락하라. 처음부터 지적을 받게 되면 아이는 금방 흥미를 잃을 것이다.

노트 위에 who(누가) do(하다) what(무엇을)을 쓰고 칸을 만들어 그 밑에 채워 나가는 식의 방법도 아이의 이해를 돕는 데 도움이 된다.

who(누가)	do(하다)	what(무엇을)

만약 어려워하는 아이들에게는 who(누가)를 'I(나)'로 정해주고 do(하다)와 what(무엇을)을 다양하게 써보게 한다.

I see a dog.(나는 강아지를 보다.)

I ate pasta.(나는 파스타를 먹었다.)

I can play the piano.(나는 피아노를 칠 수 있다.)

I like eggs.(나는 계란을 좋아한다.)

이제 주어를 바꾸면 더 멋진 문장을 쓸 수 있다.

He can jump.(그는 뛸 수 있다.)

The frog can play basketball.(그 개구리는 농구를 할 수 있다.)

He has a balloon.(그는 풍선을 가지고 있다.)

The duck had a party.(오리는 파티를 했다.)

She wore a funny hat.(그녀는 우스꽝스러운 모자를 썼다.)

The dog likes to ski.(그 강아지는 스키타는 것을 좋아한다.)

주어를 점점 바꾸다 보면 이 정도 수준의 문장도 쓸 수 있다.

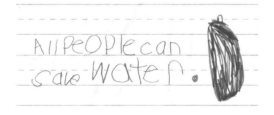

All People can save water.

(모든 사람들은 물을 절약할 수 있다.)

　　문장 쓰기를 하기 위한 단어 리스트가 필요하다면 앞에서 설명한 사이트 워드 리스트를 이용해도 좋다. 단어를 주고 거기에 대한 문장을 아이에게 써보라고 하는 방법이다.

　다른 방법으로는 그림을 보여주고 그 그림을 설명하는 문장을 쓰는 방법도 있다. 문장 쓰기가 힘들거나 지겨워질 때는 책에 나오는 좋은 문장을 골라 따라 써보는 것도 좋다. 긴 문장이 아닌 3~5단어로 된 문장을 골라야 한다. 이런 의문이 들 것이다.

　1) 동사를 미래, 현재, 과거형으로 써야 하는데 이런 것을 가르쳐야
　　 하나요?
　2) 동사 뒤에 s를 붙이는 것까지 알아야 하나요?
　3) 단수 명사, 복수 명사도 외워야 하나요?

　짧게 대답을 하자면 "네!"이다. 아이들은 생각보다 이해를 잘하고 암기도 잘 한다. 짧은 문장 쓰기를 하면서 이 정도의 문법은 하고 넘어가도 괜찮다. 그렇다고 완벽해야 할 필요는 없다.

　영어 문법을 처음 시작하는 학생들은 6학년도 중학생도 1년은 이 정도 문법에서 실수를 한다. 아이들은 틀릴 때마다 무한 인내심을 가지고 설명해주고 틀린 것을 고쳐주고 필요하다면 몇 번 반복해서 써보고 그 정도면 된다.

　앞에서도 말했지만 문법은 하루에 한 장이나 두 장 정도 일주일에 세 번 정도 학습하면 적당하다.

단어를 이용하여 문장 확장하기

 **STEP 1** 형용사를 이용하여 확장하기

1단계 연습을 충분히 한 아이들은 이제 문장을 쓰는 것에 어느 정도 자신감을 가졌을 것이다. 다음 단계인 2단계에서는 문장을 확장시키는 것에 초점을 맞추어 보자.

자신감이 붙은 아이들은 원하는 문장을 조금 더 자유롭게 적어볼 수 있는 계기가 될 것이다.

문장을 좀 길게 써보라고 아무리 말해도 아이들은 길게 쓰지 않는다. 엄마만 입이 아프다. 아이들도 문장을 길게 척척 잘 써 내려간다면 얼마나 기분이 좋겠는가? 다만 어떻게 하는지 방법을 모를 뿐이다.

이럴 경우 아이에게 더 구체적으로 지시하는 것이 좋다. 이제 아이에게 형용사adjective를 같이 생각해보자고 말해보자.

〈예시〉

- The rabbit ran to the hill.

  → The white rabbit ran to the hill.

  (토끼가 언덕으로 달려갔다. → 하얀 토끼가 언덕으로 달려갔다.)

- The dog is hungry. → The brown dog is hungry

  (강아지가 배 고프다. → 갈색 강아지가 배 고프다.)

- The girl was crying. → The little girl was crying.

  (소녀가 울고 있었다. → 작은 소녀가 울고 있었다.)

- My mum has a bag. → My mum has a spotty bag.

  (엄마는 가방을 가지고 있다. → 엄마는 점박이 가방을 가지고 있다.)

- I love my pillow. → I love my soft pillow.

  (나는 내 배게를 사랑한다. → 나는 내 부드러운 배게를 사랑한다.)

- Daisy caught the ball. → Daisy caught the red ball.

  (데이지가 공을 잡았다. → 데이지가 빨간 공을 잡았다.)

- The dog found a stick. → The dog found a large stick.

  (강아지가 막대기를 찾았다. → 강아지가 큰 막대기를 찾았다.)

- Birds have feathers.

  → Those birds have colorful feathers.

  (새들은 깃털을 가지고 있다. → 저 새들은 여러 가지 색깔의 깃털을 가지고 있다.)

- Sara has long hair. → Sara has beautiful long hair.

  (사라는 긴 머리를 가지고 있다. → 사라는 아름다운 긴 머리를 가지고 있다.)

- Mom baked bread. → Mom baked fresh brown bread.

  (엄마가 빵을 굽는다. → 엄마가 신선한 갈색 빵을 굽는다.)

 ## 아이들이 품사를 구별하는 것을 도와주는 활동들

어른은 이제 머리가 아이만큼 유연하지 않아서 틀에 박힌 생각을 한다. 하지만 아이는 자유로운 표현으로 엄마를 깜짝 놀라게 한다. 아마 이 활동을 통해 아이가 얼마나 창의적인지 감탄하는 경우가 많을 것이다. 아이의 깜찍한 아이디어를 그대로 받아들여 보자. 아이는 즐겁게 형용사를 찾아다니기 시작할 것이다.

1. Sticks and Cups(막대기와 컵)

a. 아이스크림 스틱에 아이들과 함께 단어를 적어 넣는다.

b. 종이컵에 명사Noun, 동사Verb, 형용사Adjective를 써서 준비한다.

c. 엄마나 선생님이 미리 컵에다 단어 스틱을 분류해서 꽂아 놓는다.

d. 아이들이 컵에서 하나씩 뽑아서 문장을 만들어 본다.

2. 플래시 카드 만들기

a. 종이를 적당한 크기로 잘라서 준비한다.

b. 잘라진 종이 위에 그림을 그리고 단어를 쓴다.

c. 플래시 카드 뒷면에 단어와 연상이 되는 형용사를 적어본다.

예를 들어 hot dog(핫도그)의 뒷면에는 yummy(맛있는),

delicious(맛있는), spicy(매운) 등이 올 수 있다.

3. 형용사를 분류하기

책을 읽으면서 마주치는 형용사들을 아래와 같은 카테고리로
구별한다.

__OPINION__(의견) Attitude(태도) / Observations(관찰)

delicious(맛있는), lovely(사랑스러운), nice(좋은), cool(멋있는)

__COLOUR__(색깔) Colour / Approximate Colour(근사 색깔)

green(초록색), blue(파란색), red(빨간색), purple(보라색)

__SIZE__(크기) Size(크기) / Height(높이)

big(큰), small(작은), tall(키가 큰), huge(거대한), tiny(작은)

__SHAPE__(모양) Shape(모양) / Weight(무게) / Length(길이)

round(둥근), square(직각), long(긴), fat(뚱뚱한, 넓은)

<u>CONDITION</u>(상태) Condition(상태) / State(상태)

clean(깨끗한), wet(젖은), rich(부유한), hungry(배고픈)

<u>MATERIAL</u>(소재) What is it made of?(이것은 무엇으로 만든 겁니

까?) gold(금), wooden(목재), plastic(플라스틱), synthectic(합

성한)

<u>AGE</u>(나이) How old is it?(몇 살이에요?)

old(늙은), young(젊은, 어린), new(새로운), antique(오래된)

 **STEP 2** **부사를 이용하여 확장하기**

부사Adverb를 정확하게 쓰는 것은 형용사보다 어렵다. 어려운 것
을 배울 때는 그 개념을 확실하게 알려주는 것이 아이가 명확하
게 이해하기에 좋다. 그만큼 부사는 어렵다. 게다가 부사는 스펠
링도 어렵다.

"부사란 동사, 형용사, 다른 부사들을 꾸며주는 말이다."

예를 들면, Elliot was so excited.(엘리엇은 매우 흥분했다.)에
서 so는 excited를 꾸며준다. 말로 설명하는 것이 힘들다면 동

영상을 보여줘라. 유튜브에 부사를 잘 설명하는 영상들이 있다.

◆ 어린 아이들에게 부사의 개념을 이해하기 쉽게 알려주는 동영상

◆ 아이들에 눈높이에 맞는 부사 노래

◆ 친절한 여자 선생님이 알기 쉽게 설명해주는 영상

◆ 고학년이 볼만한 부사에 관한 문법 설명

◆ 미국 영어의 형용사와 부사를 구별하는 동영상. 만화로 구성

사실 위의 동영상을 다 본다고 하여도 어린 아이들은 부사의 개념을 이해하기 힘들 수 있다. 그저 꾸준히 조금씩 알아가면 충분하다.

이해하기 어려운 문법은 100번을 설명하면 알아들을 것이라고 생각한다. 100번을 설명하기 전까지 15번 설명을 하더라도 처음 설명하는 것처럼 자세하고 친절하게 설명한다. 하지만 그동안 내가 100번을 설명하게 한 학생은 여태껏 한 번도 없다. 100번을 설명하기도 전에 아이들은 내가 무슨 말을 할지 이미 알고 예시까지 줄줄 읊어낸다. 딱 100번만 참아라.

부사의 개념을 알고 부사를 이해하게 되었다면 위의 형용사와 똑같은 방법으로 문장을 확장시킨다. 완벽하게 하려고 계획하지 말아라. 그저 아이들이 이해하고 문장에 넣어서 쓸 수 있으면 된다.

안 된다고 해도 걱정하지 말아라. 이번 주에 한 단어를 알고 다음 주에 또 한 단어를 배우면 된다. 영어는 시간이 부족해서

못 배우는 사람들은 없다. 오로지 끈기가 부족할 뿐이다.

 형용사와 부사의 개념 이해를 위한 예시 문장들

happy kids

행복한 아이들

She is quick.

그녀는 빠르다.

John is careful.

존은 조심스럽다.

The mango is sweet.

망고가 달다.

Good Job!

잘했어!

The food is good.

음식이 좋다.

The loud dog.

시끄러운 개.

played happily

행복하게 놀았다

She walked away quickly.

그녀는 빨리 걸어갔다.

John walks carefully.

존은 조심스럽게 걷는다.

The mango is very sweet.

망고가 아주 달다

I've done well.

나는 잘 했다.

She feels well.

그녀는 컨디션이 좋다.

The dog barks loudly.

개가 시끄럽게 짖는다.

의미 청크로
문장 확장하기

우리 딸이 새 학년 새 학기 첫날 학교에서 새 친구를 사귀었다. 흥분한 딸은 그날 내내 기분이 좋았다. 그리고 그날 일기에 이렇게 적었다.

"I met a new friend, Anna."
(나는 Anna라는 새 친구를 만났다.)

아이들은 레벨이 높건 낮건 쓰는 것을 좋아하지 않는다. 당연하다. 영어를 잘하는 엄마를 둔 딸도 마찬가지다. 보통 엄마가 영어를 잘한다고 하면 부럽다고 이야기한다. 선생님과 같이 사니 아이는 얼마나 잘할까라고 이야기를 한다.

우리 딸에게 한번 물어보라. 우리 딸은 선생님과 온종일 사니 얼마나 지겹고 스트레스가 쌓이는지 말이다. 그래도 엄마의 직업병은 딸의 이 문장을 그냥 넘기지를 못한다. 아이에게 살짝 다시 물어보았다.

"어디서 만났어?"

그랬더니 엄마의 말뜻을 눈치챈 딸은 덧붙여 쓴다.

"I met a new friend, Anna, at school."
(나는 학교에서 Anna라는 새 친구를 만났다.)

100% 마음에 드는 문장은 아니지만 그래도 안 쓰는 것보다는 낫다.

의미 청크의 비결은 육하원칙

엄마의 똑똑한 질문으로 아이의 영어 생각을 넓힐 수 있다.

위의 경우가 딱 그렇다. 간단한 질문으로 아이는 한번 더 생각할 기회를 가지게 된다.

그렇다면 엄마는 무엇을 질문해야 할까?

방법은 아주 간단하다. 육하원칙을 생각하면 된다. 육하원칙이란 '누가, 언제, 어디서, 왜, 무엇을, 어떻게'라는 신문기사나 보도 자료 등을 쓸 때 필요한 여섯 가지 요소를 말한다. 영어로 말하자면 'who(누가), when(언제), where(어디서), why(왜), what(무엇을) and how(어떻게)'이다.

이전 단계인 3~5단어 문장 만들기에서는 보통 who와 what은 나와 있다. 그러니 엄마가 기억해야 할 것은 4가지 - when, where, why and how - 이다. 이 중 하나를 골라서 아이에게 질문하면 된다. 그러면 아이들은 멋진 문장으로 답할 것이다.

아래의 예시들은 나의 딸, 러블리걸과 함께 진행한 것이다. 이 이후부터는 내 딸과 실제 수업을 진행한 내용이 많이 나온다. 내 딸은 본인이 원하는 대로 러블리걸로 명하기로 한다. 수업 내용은 아이와 같이 한 순간을 최대한 그대로 적어 보았다.

아이와 내가 주고 받는 대화에서 참고할 만한 것도 있을 것이고, 나보다 더 좋은 아이디어를 얻을 수도 있을 것이다. 처음에는 내가 단어를 선택해서 아이에게 알려주었지만 아이는 점점 스스로 본인이 문장을 만들 단어를 골라갔다.

Example 01 - playground(놀이터)

러블리걸에게 playground(놀이터)를 주고 써보라고 하니 예상외로 위의 3문장이 아닌 I want to go playground.라고 썼다. 나는 이 문장을 딸에게 I want to go to the playground.(나는 놀이터에 가고 싶다.)라고 고쳐주었다.

그다음엔 누구와 가고 싶냐고 물었다. 그랬더니 러블리걸은 I want to go to the playground with friends.(나는 놀이터에 친구와 같이 가고 싶다.)라고 썼다.

Example 02 - sketchbook(스케치북)

Sketchbook(스케치북)이란 단어를 알려준다. 아이는 I need a sketchbook.(나는 스켓치북이 필요하다.)이라고 적었다. 문장을 확장하기 위해 "언제?" 라고 물으니 "now(지금)"라고 대답했다.

그래서 두 번째 문장에 I need a sketchbook now.(나는 지금 스켓치북이 필요하다.)를 적었다.

다음 "어디서?"라고 물어보았다. 그러니 아이는 "house(집)."라고 대답했다. 이때 '집'은 "at home(집에서)'이라고 한다고 알려주니 아이는 "I need a sketchbook at home.(나는 집에서 스켓치북이 필요하다.)"이라는 문장을 썼다.

마지막으로 "스케치북은 왜 필요해?"라고 물었다. 그러자 아이는 "art classes(미술시간)"라고 대답했다. 아이는 "I need a sketchbook art classes."라고 썼다. Art classes(미술시간) 앞에 무엇인가 필요할 것 같다고 하니 "because(왜)?"라고 물었다. 나는 "I need a sketchbook for art classes.(나는 미술 시간을 위한 스케치북이 필요하다.)"라고 for를 넣어주었다.

Example 03 - ice-cream(아이스크림)

이번에는 ice-cream(아이스크림)이다. I ate an ice-cream.(나는 아이스크림을 먹었다.) 아이가 처음으로 쓴 문장이다. "어디서?"라고 물어보니 "I ate an ice-cream at home.(나는 집에서 아이스크림을 먹었다.)"이라고 쓴다. 역시 아이들은 금방 배운다.

이번에는 "왜?"라고 물으니 "I ate an ice-cream because I am thirsty.(나는 목이 말라서 아이스크림을 먹었다.)"라고 썼다. 앞에서 ate(먹었다)이라고 과거를 썼으니 뒤에서도 am(이다)이 아니라 was(이었다)라고 써야 맞다. 하지만 지금 아이의 학습 목표는 어휘력을 늘리고 문장을 확장시키는 것이지 문법이 아니기 때문에 이 부분은 고쳐주지 않고 넘어간다.

Example 04 - homework(숙제)

I did my homework.(나는 숙제를 했다.)

I did my homework at home.(나는 집에서 숙제를 했다.)

I did my homework at home because I missed Wednesday homework.

(나는 집에서 숙제를 했다. 왜냐하면 수요일 숙제를 까먹었기 때문이다.)

마지막 문장에서 Wednesday's homework이라고 해도 괜찮고 homework on Wednesday(수요일 숙제)라고 해도 괜찮다. 어느 것이 문법적으로 맞는 문장이고, 어느 것이 원어민이 더 자주 사용하는 표현이라는 것은 여기서 논할 필요는 없다. 아이가 받아들일 수 있을 것 같으면 고쳐주고, 문장을 확장시키는 것만으로도 뿌듯해하고 있다면 다음에 설명해주어도 좋다.

Example 05 - different(다른)

People are different.(사람들은 다르다.)

People are all different.(사람들은 모두가 다르다.)

People are different from each other.(사람들은 서로 다르

다.) Different(다르다)를 아이에게 보여주었더니 아이는 생각지도 못한 아이디어를 쏟아냈다. 아이의 문장이 기억에 남는다. 처음에는 "People are different."(사람들은 다르다.)라는 문장으로 나를 놀라게 했다.

청크 의미 확장 질문 중 why(왜)를 이용해 "그래, 사람들은 다 다르지. 왜 사람들이 다르다고 생각해?" 하면서 이렇게 쓴 이유를 알고 싶었다. 아이는 의외의 대답을 했다. "사람들은 다 잘하는 게 다르잖아요. 그걸 영어로 쓰고 싶은데 잘 못 쓰겠어요." 라며 because(왜냐하면)만 적어 놓고 나를 쳐다보았다.

엄마표 영어를 하며 가장 부딪히기 쉬운 문제 중 하나가 이런 경우다. 아이가 표현하고자 하는 말은 쉬운데 그 말이 딱 안 떠오르거나 엄마가 해결해주기에 좀 난감한 경우다.

나도 그렇다. 아이의 질문에 쉽게 대답할 만한 문장이 떠오르지 않았다. '내가 알려주는 문장이 아이의 생각을 오롯이 잘 표현하는 것일까'라는 걱정이 앞서 내 입이 쉽게 떨어지지 않게 했다.

이럴 경우 구글을 이용하자. 구글은 영어에서 이제 동사처럼 사용되기도 한다. 미국 드라마를 보다 보면 선생님이 학생에게 또는 학생들끼리 이야기하면서 You can google it.(너는 그것을 구글에서 검색할 수 있어.) 혹은 I will google it.(내가 그것을 구글에서 검색해 볼께.) 등 '인터넷에서 찾아보겠다'라는 뜻으로 google

이라고 말할 정도이다.

먼저 People are different.(사람들은 다르다.)를 구글에 쳐보았다. 그랬더니 가장 밑의 연관 검색어에서 눈에 띄는 표현들이 보인다. 그 표현들이 바로 People are all different.(사람들은 모두 다르다.)와 People are different from each other.(사람들은 서로 다르다.)였다.

물론 이 과정을 아이와 함께 하였다. 우리는 인터넷을 피할 수 없다. 피할 수 없다면 현명하게 사용해야 한다.

아이들이 스스로 원하는 정보를 검색해서 그중 나에게 딱 맞는 정보를 골라내는 것도 디지털 사회를 살아가는 아이들에게 필요한 능력이다.

Example 06 - library(도서관)

When we go to library, can see librarian.
(도서관에 가면 사서를 볼 수 있다.)
When we go to the library, we can see a librarian.
(도서관에 가면 사서를 볼 수 있다.)

러블리걸에게 library(도서관)란 단어를 주고 써보라고 했다. 내가 기대한 것은 I study in the library.(나는 도서관에서 공부한다.) 또는 I read books in the library.(나는 도서관에서 책을 읽는다.) 정도의 문장들이었다.

러블리걸은 내가 제시한 단계들을 꼼꼼하게는 아니지만 그래도 차분히 따라오는 편이었다. 그런데 며칠 전부터 쓰는 문장이 나를 깜짝 놀라게 했다.

오늘도 마찬가지였다. Library(도서관)를 주니 "When we go to library, can see librarian."이라고 적어 놓은 것이 아닌가. '얘가 librarian(사서)은 언제 알았담.'이라는 생각이 들었지만 묻지 않았다.

문법에 맞는 문장은 두 번째 문장이다. 하지만 러블리걸의 사기를 꺾고 싶지 않았다. 그래서 우리가 처음에 공부했던 who(누가) did(했다) what(무엇을)에 맞지 않는 we(우리)만 고쳐주기로 했다.

"여기에 주어subject가 빠졌네. librarian(사서)을 보는 사람은 누구야? 누가가 없네."라고 말하니 러블리걸은 활짝 웃으며 "아~ We(우리)!"라고 대답하며 적어 넣었다.

그래, 잘했다. 딱 여기에서 멈추자. 더 지적을 했다간 이제 다시는 엄마랑 공부 안 한다고 할지도 모르니까.

Example 07 – pencil(연필)

I will buy pencils.(나는 연필을 살 것이다.)

I will buy pencils in the stationary.

(나는 문구점에서 연필을 살 것이다.)

I will buy pencils after school.

(나는 방과 후에 연필을 살 것이다.)

이 날은 러블리걸이 쉬운 단어를 골랐다. 그러더니 I will buy pencil.(나는 연필을 살 것이다.)이라고 썼다. 이런! 여러 번 이야기했는 데도 pencil(연필)이라고 하다니. 오늘은 진짜 러블리걸이 귀찮은가 보다. 다시 물어보았다.

"연필을 몇 자루 살거야?"

"글쎄, 조금…?"

"한 자루?"

"그것보다는 많이 사고 싶어."

"그럼 pencils(연필들)라고 쓸까? 한 자루보다 더 사고 싶으니까."

"아! 맞다. 한 자루는 a pencil(연필)이고 그 이상이면 pencils(연필들)지. 깜박했다. 엄마, 문방구는 영어로 뭐야? 연필은 문방구에서 살 수 있잖아."

러블리걸은 학교가 끝나고 항상 들르는 문방구가 있다. 그래서 나는 stationary(문구점)라는 새로운 단어를 가르쳐 주었다. 청크 확장에 익숙한 러블리걸은 다음 문장에 I will buy pencils today.(나는 오늘 연필을 살 것이다.)라고 쓸 것이라고 말했다.

이런 today(오늘)는 너무 쉽다. 그래서 다시 되물었다.

"오늘 언제?" 러블리걸이 쉽게 넘어왔다.

"학교 끝나고."

"그럼 '학교 끝나고'라고 써봐."

"after school(학교 끝나고)? 와~ 엄마 문장이 더 좋아보여."

'아이가 드디어 새로운 표현들을 재미있게 받아들이는 날이 오는구나.' 싶은 순간이었다.

Example 08 - marry(결혼하다)

Cinderella married prince.(신데렐라는 왕자와 결혼했다.)

Cinderella married prince in the castle.

(신데렐라는 성에서 왕자와 결혼했다.)

Cinderella married prince and lived happily.

(신데렐라는 왕자와 결혼해서 행복하게 살았다.)

아마 marry(결혼하다)라는 단어는 남자아이들 보다는 여자아이들이 더 좋아하는 단어일 것이다. 여자아이들이 좋아하는 공주 스토리의 끝에는 결국 왕자와 결혼하여 행복하게 사는 것이 마치 약속한 것처럼 나오는 결말이니까.

러블리걸이 오늘은 《신데렐라》를 읽었다. 그러더니 marry(결혼하다)로 문장을 만들겠다고 했다. 그러더니 위와 같은 문장을 거침없이 적어 내려갔다. 그러더니 자랑스럽게 덧붙였다.

"엄마, 전에 〈Incredible(인크레디블)〉 영화를 봤잖아. 거기서 "You married Elastic girl!(너는 엘라스틱 걸이랑 결혼했구나!)"이라는 문장이 나오는 거야. 난 marry with(~와 결혼하다)인줄 알았거든. 그래서 married prince(왕자와 결혼했다)라고 했어. 잘했지? 그리고 학교에서 요새 뒤에 ly를 붙이는 거 배우거든. 그래서 happily(행복하게)도 썼어. 진짜 잘했지?"

정말 진짜 진짜 잘했다. 우리 딸!

Example 09 - lunch(점심)

Lunch is not delicious.(점심이 맛이 없다.)

I will do not eat lunch from school.

(나는 오늘 학교에서 점심을 먹지 않을 것이다.)

I will do not eat lunch any more from school.

(나는 더는 학교에서 점심을 먹지 않을 것이다.)

요새 학교 급식이 맛이 없다는 이야기를 자주 한다. 들리는 말에 의하면 학교 식단이 바뀌었다고 한다. 그래서인지 집에 오면 배고프다고 해서 오늘은 도시락을 싸주었다.

점심에 대해 할 말이 많았던 딸은 Lunch is not delicious. 라고 적은 다음 I will not eat lunch from school.이라고 썼다.

여기에 딱히 덧붙일 청크가 생각나지 않았다. 조금 고민을 하다 어울릴 만한 표현이 생각났다.

"딸, 더 이상 ~않는다라는 말 알아?"

"not any more"

이렇게 마지막 문장인 I will not eat lunch any more from school.을 완성했다.

Example 10 – art(미술)

I love art class.

(나는 미술 시간을 좋아한다.)

I want art class every day.

(나는 매일 미술 시간이 있으면 좋겠다.)

I love art class because drawing is so fun.

(나는 미술 시간을 좋아한다. 왜냐하면 그림 그리는 것이 아주 재미있다.)

오늘은 학교에서 미술 수업이 있었던 모양이다. 오늘의 단어는 art(미술)라고 말하더니 세 문장을 쓱쓱 적어 놓았다. 그런데 마지막 문장이 마음에 들지 않았다. 원래 러블리걸이 적은 문장은 I love art class because art is so fun.(나는 미술시간을 좋아한다. 왜냐하면 미술은 너무 재미있다.)이었다.

아이들을 가르치다 보면 이런 문장과 자주 마주친다. 마음 같아서는 빨간 줄로 그어버리고 싶지만 그래도 엄마이니, 선생님이니 참아야 한다. 그리고 so fun(너무 재미있는)보다는 art(미술)를 반복한 것이 더 눈에 거슬렸다. 한 문장에서 같은 표현의 반복은 영어 라이팅에서 피하는 것이 보통이다.

"미술시간에 무엇을 했는데 그렇게 재미있었어?"

"난 그림 그리는 게 그렇게 재미있더라."

이렇게 해서 고친 문장이 I love art class because drawing is so fun.이다. Art를 drawing(그리기)으로만 바꿔도 문장이 확 달라 보인다.

접속사를 써서 문장 확장하기

간단하게 문장 확장하기를 충분히 연습했다면 이제 문장을 고급스럽게 확장해 보자. 어떻게 하면 문장을 고급스럽게 확장할 수 있을까?

바로 and(그리고), but(그러나), when(~때), because(왜냐하면), if(만약), to-v(~하기 위해서)를 써서 확장을 시키는 방법이다. 일단 예시를 보자. 예시들 전부가 초등학교 1학년 학생들이 쓴 글이다.

First Grade was awesome with mr.beniot. My favorite
squiggle writeing was the monkey one. I will miss
mr.beniot. when I go to 2nd Grade atleast I will make
new friends.

p.s. I love first Grade.

베니엇 선생님과 같이 한 1학년은 정말 좋았다. 내가 가장 좋아하는
그림일기는 원숭이다. 2학년이 되면 베니엇 선생님이 보고 싶을 거
다. 적어도 나는 새 친구를 만들 거다.

추신. 나는 1학년을 사랑해.

My favorite book I read last year was The giving
tree. I like it because it is really gives you like a time
Passing feeling. That little boy went to an old man.

내가 작년에 읽었던 내가 가장 좋아하는 책은 《아낌없이 주는 나무
The giving tree》이다. 나는 이것을 좋아한다. 왜냐하면 그것은 정
말로 시간이 지나는 감정을 주기 때문이다. 그 작은 소년은 노인에게
갔다.

누누이 이야기하지만 이 단계에서는 문법적으로 완벽할 필요

도 없고 스펠링이 완벽할 필요도 없다. 여기서 보여주고 싶은 것은 어렵게 쓰지 않아도 when(언제)을 이용해서 문장을 길게 쓴 것을 보여주고 싶었다. 우리 아이들도 그렇다. 어렵게 '절'이라는 말을 사용하지 않아도 when(언제)을 적절한 곳에 써서 라이팅에 쓸 수 있기만 하면 된다.

오른쪽 학생은 글씨도 너무 예쁘다. 글씨를 예쁘게 쓰는 것도 중요하다. 요새는 컴퓨터를 이용해서 라이팅을 많이 하기 때문에 글씨를 예쁘게 쓰는 것도 다른 아이와 차별점이 될 수 있다. 예시에서 문법은 완벽하지 않지만 because(왜냐하면)라는 접속사를 사용하고, 관계대명사 절도 사용한 것이 보인다.

물론 이 일기는 번역된 것을 보면 알겠지만 잘 쓴 일기는 아니다. 하지만 여기서 보여주고 싶은 것은 아이가 because(왜냐하면)을 이용해 문장을 쓴 것이다.

문법은 순서대로 익혀지는 것이 아니다. 스펠링이 틀리고 말이 되지 않는 문장을 쓴다고 해도 글은 쓸 수 있고 긴 문장을 쓸 수 있다는 것을 알았으면 한다.

2학년이라면 이제 스펠링을 암기해도 괜찮을 나이이다. 물론 개인차가 있어서 아직 너무 힘들어 한다면 2학기 정도에 시작해도 괜찮다.

February is Dental Health Month. Imagine that you have a friend who does not take care of their teeth. Write them a friendly letter to persuade them to try harder to take care of them.

Dear Friend, It seems like your teeth hurt a lot. Maybe it would help if you eat fruits because they make your teeth stronger and it will help if you floss after you eat because you could get the plague out of your Your Friend. teeth.

Dear friend, it seems like your teeth hurt a lot. Maybe it would help if you eat fruits because they make your teeth stronger and it will help if you floss after you eat because you could get the plague out of your teeth.

Your friend, Nigen

안녕 친구야. 너 이가 많이 아픈 것 같아. 아마 과일을 먹으면 도움이 될 거야. 왜냐하면 과일은 이를 튼튼하게 해주거든. 그리고 먹은 후에 치실을 하는 것도 도움이 될 거야. 왜냐하면 이에서 플라그를 없애주거든.

너의 친구, 나이젠

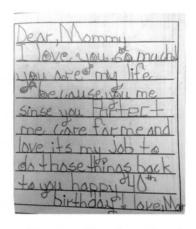

Dear Mommy,

I love you so much! You are my life because you me
sinse you protect me care for me and love its my job
to do those things back to you happy 40th birthday!
Love Mary

엄마에게

나는 엄마를 많이 사랑해. 엄마는 내 인생이야. 왜냐하면 엄마는 나
를 보호해주고 돌봐주고 그리고 사랑해주니까. 엄마한테 보답해주는
게 내 일이야. 40살 생일을 축하해. 사랑하는 메리가.

위의 글은 더 다양한 문장을 이용했다. Because(왜냐하면), if(만약), and(그리고)가 다 들어갔다. 전반적으로 글이 쉬워도 이 아이는 다양한 아이디어에 문장 구조까지 이용해서 썼다. 이 정도만 써도 백 점 만점에 백 점이다.

Dear Mrs. Maio my journal
ran out of paper so I
need more to write in
my journal. Must have
paper!
    from,
      Owen

Dear Mrs. Maio

my journal ran out of paper so I need more to write

in my journal. Must have paper!

from, Owen

미세스 마이오에게.

내 일기의 종이를 다 썼어요. 그래서 일기를 쓸 종이가 더 필요해요.

종이가 더 있어야만 해요! 오웬이

이 오웬이란 유치원생은 큰일이 났다. 일기장을 다 써버렸다. 문법도 스펠링도 틀리고, 문장의 시작을 대문자로 하지도 않았지만 그래도 문장을 다양하게 쓰기는 했다. so(그래서)도 볼 수 있고 to 부정사도 볼 수 있으니 말이다. 우리에게는 어려운 to부정사지만 유치원생도 쓰는 것이 to 부정사이다.

보다시피 위의 접속사들이나 to부정사는 어려운 것이 아니다. 이것이 어렵다고 생각하는 것은 우리가 어렸을 때 배운 문법책들 때문이다.

나는 중학교에 들어가면서 영어를 배웠고, to부정사라고 하는 것은 정확히 기억나지 않지만 아마 중2나 중3 때 배웠던 것 같다.

이렇게 우리에게 to부정사라고 하는 것은 중학교에 가서 배우는 문법이고, 지금도 중학교 때 to부정사 전체를 몇 년에 걸쳐서 배운다. 그리고 학교 내신에서 to부정사를 가지고 영작을 하는 것도 단골 서술형 문제이다.

하지만 생각을 바꾸자. 아이에게 간단하게 설명하고 간단하게 쓸 수 있게 하면 된다. 아이들의 리딩 레벨은 앞서가기를 바라면서 설마 to부정사가 엄청 어렵다고 생각했는가? 아니다. 위의 오웬이 쓴 정도로만 쓰면 된다.

다시 정리하자면 아이들은 접속사나 to부정사를 이용하여 문장을 늘릴 수 있다. 어디까지 가르치는가는 위의 예시들을 보면 된다.

If(만약)를 쓸 때 가정법 어쩌고저쩌고는 아예 꺼내지도 말아라. 아이가 그것을 이해하거나 안다고 해서 영어를 더 잘하는 것도 아니다. 그저 단편적인 문법지식을 하나 더 익힌 것뿐이다. 강조하지만 아이들이 글을 자연스럽게 쓰게 하는 것이 목표이다.

아이들이 필사하기 좋은 문장 36개

아이들과 함께 책에 나온 좋은 문장을 같이 써보자. 다음 문장은 책에서 나온 문장을 고른 것이다. 이 문장을 고른 기준은 의미가 좋은 문장들, 재미있는 문장들, 많이 쓰이는 표현이 담긴 문장들 등이다. 쉬운 단어로 쓰인 문장들이라 외우기도 어렵지 않다.

좋은 문장은 어른에게도 힘이 되지만 아이에게도 힘이 된다. 엄마나 선생님이 하는 말보다는 누군가 나와 같은 처지에 있거나 생면부지 사람이 하는 말이 공감이 되고 힘이 될 때가 많다. 또 아이들이 좋아하는 책에서 나온 문장이거나 재미있는 문장은 머릿속에 남아 영어 응용력을 길러줄 것이다.

01 **Promise me you'll remember, you are braver than you believe, stronger than you seem, smarter than you think.**

기억할 것이라고 약속해줘. 너는 너가 믿는 것보다 용감하고, 보이는 것보다 강하고, 생각하는 것보다 더 똑똑해.

– 애니메이션 영화 〈곰돌이 푸 Winnie the Pooh〉 중에서

02 **We all can dance if we find the music that we love.**

우리가 사랑하는 음악만 찾는다면 우리는 모두 춤을 출 수 있어.

– 그림책 《기린은 춤을 못춰요 Giraffes Can't Dance》 중에서

03 **It is our choices, Harry, that show what we truly are, far more than our abilities.**

해리, 이것은 우리의 능력보다는 우리가 진짜 누구인지 보여주는 우리의 선택이다.

– 《해리포터와 비밀의 방 Harry Potter and the Chambers of Secrets》 중에서

04 **Reading never wears me out.**

독서는 절대 날 지치게 하지 않아.

– 《올리비아 Olivia》 중에서

05 **Today it snowed for the first time this winter and school was canceled.**

오늘 이번 겨울 처음으로 눈이 왔고 학교 수업이 취소되었다.

– 《윔피키드의 일기 Diary of a Wimpy Kid》 중에서

06 **George is the kid on the left with the tie and the flat-top. Harold is the one on the right with the T-shirt and the bad haircut.**

조지는 넥타이를 하고 평평한 머리를 한 왼쪽 아이다. 해럴드는 티셔츠를 입고 머리를 엉망으로 깎은 오른쪽 아이다.

– 《캡틴언더팬츠 The Adventures of Captain Underpants》 중에서

07 **I just can't stand it. It doesn't seem to right to me that men and boys should kill animals just for fun.**

난 단지 참을 수가 없어. 남자와 남자아이들이 그저 재미로 동물을 죽이는 것이 나에게는 옳지 않은 것 같아.

– 《요술 손가락 The Magic Finger》 중에서

08 **Your father is a fantastic fox. Mr. Fox looked at his wife and she smiled. He loved her more than ever when she said things like that.**

너의 아빠는 환상적인 여우야. 팍스 씨는 부인을 쳐다보았고 그녀는 미소를 지었다. 그는 그녀가 그렇게 말했을 때 그 어떤 때보다도 그녀를 사랑했다.

– 영화 〈판타스틱 Mr. 폭스Fantastic Mr. Fox〉 중에서

09 **What if Christmas doesn't come from a store. What if Christmas ⋯ perhaps⋯ means a little bit more!**

크리스마스가 가게에서 오는 것이 아니라면. 만약 그렇다면⋯ 크리스마스는 무엇인가, 뭘 더 의미하는 거야.

– 영화 〈그린치 How the Grinch Stole Christmas〉 중에서

10 **The moment you doubt whether you can fly, you cease forever to be able to do it.**

너가 날 수 있을지 없을지 의심하는 순간, 너는 영원히 날 수 없게 된다.

– 영화 〈피터 팬 Peter Pan〉 중에서

11　**Believing takes practice.**

믿음은 연습이 필요해.

- 영화 〈시간의 주름 A Wrinkle in Time〉 중에서

12　**It has been a terrible, horrible, no good, very bad day. My mom says some days are like that.**

끔찍하고, 비참하고, 안 좋고, 아주 나쁜 날이었다. 엄마가 어떤 날은 이럴 수도 있다고 말씀하신다.

- 《알렉산더의 짜증나고 끔찍하고, 다 싫고, 최악인 하루 Alexander and the Terrible, Horrible, No Good, Very Bad Day》 중에서

13　**You have brains in your head. You have feet in your shoes. You can steer yourself in any direction you choose.**

머리도 있고 발도 있네요. 원하는 어떤 방향으로도 갈 수 있어요.

- 《오! 네가 가게 될 곳 Oh, the Places You'll Go!》 중에서

14　**Finally the Rainbow Fish has only one shining scale left. His most prized possessions had been given away, yet he was very happy.**

마침내 무지개 물고기는 빛나는 비늘이 하나밖에 남지 않았다. 그의

가장 소중한 보물을 떠나보냈지만 그는 정말 행복했다.

– 《무지개 물고기 The Rainbow Fish》 중에서

15 **But then I realized, what do they really know? This is MY idea, I thought. No one knows it like I do. And it's okay if it's different, and weird, and maybe a little crazy.**

하지만 깨달았습니다. 그들이 정말 무엇을 알고 있을까요? 이것은 나의 아이디어라고 생각해요. 아무도 나만큼 알지 못해요. 만약 내 아이디어가 다르거나, 이상하거나, 어쩌면 약간 미친 것 같아도 괜찮아요.

– 《좋은 생각이 떠오르면 어떻게 할까요? What Do You Do With an Idea?》 중에서

16 **I love you right up to the moon—and back.**

달까지 그리고 다시 돌아오는 만큼 널 사랑해.

– 《내가 아빠를 얼마나 사랑하는지 아세요? Guess How Much I Love You》 중에서

17 **On the night you were born, the moon smiled with such wonder that the stars peeked in to see you and the night wind whispered, 'Life will never be the same.'**

네가 태어난 날 밤에는 달은 감탄하며 미소 지었고, 별들은 너를 보기 위해 들여다 보았고, 밤 바람은 "인생이 결코 똑같지는 않을 거야."라

고 속삭였다.

− 《네가 태어난 날엔 곰도 춤을 추었지 On the Night You Were Born》 중에서

18 **"He's the strongest man in the world."**
"Man, yes." said Pippi.
"But I am the strongest girl in the world, remember that."

"그는 세상에서 가장 힘이 센 사람이야."

"예, 알아요." 삐삐가 말했다.

"그런데 나는 세상에서 가장 힘이 센 여자아이예요. 기억하세요."

− 《내 이름은 삐삐 롱스타킹 Pippi Longstocking》 중에서

19 **And now here is my secret, a very simple secret: It is only with the heart that one can see rightly; what is essential is invisible to the eye.**

여기 나의 비밀이 있어요. 가장 간단한 비밀이죠. 그것은 올바르게 볼 수 있는 심장을 가지고 있어요. 중요한 것은 눈에 안 보이죠.

− 《어린 왕자 The Little Prince》 중에서

20 **"Why did you do all this for me?" he asked. "I don't deserve it. I've never done anything for you."**

"You have been my friend," replied Charlotte. **"That in it-self is a tremendous thing."**

"너는 왜 이 모든 것을 나를 위해서 했니?" 그가 물었다.

"나는 그것을 받을 자격이 없단다. 나는 너를 위해서 해준 것이 아무 것도 없어."

"너는 내 친구였잖아." 샤롯데가 대답했다.

"그것 자체로도 어머어마한 거야."

– 《샬롯의 거미줄 Charlotte's Web》 중에서

21 **A person who has good thoughts cannot ever be ugly. You can have a wonky nose and a crooked mouth and a double chin and stick-out teeth, but if you have good thoughts they will shine out of your face like sunbeams and you will always look lovely.**

좋은 생각을 가진 사람은 절대 못생겨 보일 수가 없다. 너는 구부러진 코와 비뚤어진 입, 그리고 이중 턱과 툭 튀어나온 이를 가질 수는 있 다. 그러나 만약 네가 좋은 생각을 가지고 있다면 그것은 너의 얼굴에 서 햇빛처럼 빛날 것이고 너는 항상 사랑스러워 보일 것이다.

– 《멍청 씨 부부이야기 The Twits》 중에서

22 There's no place like home.

집만한 곳이 없다.

– 《오즈의 마법사 The Wizard of Oz The Twits》 중에서

23 It's a funny thing about mothers and fathers. Even when their own child is the most disgusting little blister you could ever imagine, they still think that he or she is wonderful.

엄마와 아빠에 대해서는 웃긴 것이 하나 있다. 심지어 자신들의 아이가 여러분이 상상할 수 있는 세상에서 가장 역겨운 작은 물집일지라도 그들은 여전히 자신의 아이들이 멋지다고 생각한다.

– 《마틸다 Matilda》 중에서

24 When they've finished reading, Olivia's mother gives her a kiss and says, 'You know, you really wear me out. But I love you anyway.'
And Olivia gives her a kiss back and says, 'I love you anyway too.'

독서가 끝났을 때 올리비아의 엄마는 올리비아에게 뽀뽀를 한 다음 말했다.

"너, 오늘 정말 엄마 지치게 한 거 알지. 그래도 어쨌든 사랑해."

그리고 올리비아가 다시 엄마에게 뽀뽀를 한 다음 말했다.

"나도 어쨌든 엄마를 사랑해요."

– 《올리비아 Olivia》 중에서

25 **George and Harold were usually responsible kids. Whenever anything bad happened, George and Harold were usually responsible.**

조지와 해럴드는 일반적으로 책임감이 강한 아이들이다. 어떤 안 좋은 일이 일어날 때마다 조지와 해럴드는 대체로 책임감이 있었다.

– 《캡틴언더팬츠 The Adventures of Captain Underpants》 중에서

26 **I know you'll be kind... and clever... and bold. And the bigger your heart, the more it will hold. When nights are black and when days are gray—you'll be brave and be bright so no shadows can stay. And become anybody that you'd like to be. And then I'll look at you and you'll look at me and I'll love you, whoever you've grown up to be.**

나는 너가 친절하고, 현명하고, 용감할 것이라는 걸 알아. 그리고 네 마음이 커지면 커질수록 점점 더 많은 것을 담게 될거야. 어떤 밤들은

어두울 것이고 또 어떤 낮들은 회색이지만 너는 용감하고 똑똑해서 어떤 그림자도 머물 수 없게 될거야. 그리고 너는 되고 싶은 어떤 사람이든지 될 수 있다. 그리고 나서 나는 너를 보게 되고 너는 나를 보게 되겠지. 그리고 나는 너가 어떤 사람으로 자라든지 사랑할거야.

– 《네가 되고자 하는 게 뭐든 The Wonderful Things You Will Be》 중에서

27 **How much good inside a day? Depends how good you live them. How much love inside a friend? Depends how much you give them.**

하루에 좋은 것들이 얼마나 많을까? 네가 하루를 얼마나 좋게 사는지에 달려있어. 친구 안에는 얼마나 많은 사랑이 있을까? 네가 얼마나 많이 주는가에 달려있어.

– 《다락방의 불빛 A Light in The Attic》 중에서

28 **I am not afraid of storms, for I am learning how to sail my ship.**

나는 폭풍을 무서워하지 않아. 왜냐하면 나는 배를 어떻게 모는지 배우고 있거든.

– 《작은 아씨들 Little Women》 중에서

29 **If you are going to get anywhere in life you have to read a lot of books.**

인생의 목적지에 도달하려면 그곳이 어느 곳이건 책을 많이 읽어야 한다.

– 《로알드 달 Roald Dahl》 중에서

30 **Here is my secret. It is very simple. It is only with the heart that one can see rightly; what is essential is invisible to the eye.**

여기 나의 비밀이 있어. 아주 간단해. 그것은 올바르게 볼 수 있는 마음을 가지고 있다는 거야. 중요한 것은 눈에 보이지 않거든.

– 《어린 왕자 The Little Prince》 중에서

31 **Never do anything by halves if you want to get away with it. Be outrageous. Go the whole hog. Make sure everything you do is so completely crazy it's unbelievable.**

큰 일을 하려면 어중간하게 해서는 아무것도 안 돼. 그러니까 철저하게 해버리는 거야. 너무나 미친 짓이라서 도저히 믿을 수 없을 정도로.

– 《마틸다 Matilda》 중에서

32 "You have plenty of courage, I am sure," answered Oz. "All you need is confidence in yourself. There is no living thing that is not afraid when it faces danger. The true courage is in facing danger when you are afraid, and that kind of courage you have in plenty."

"여러분에겐 충분한 용기가 있어요. 난 확신해요."라고 오즈가 대답했어요. "여러분에게는 자신감만 있으면 됩니다. 위험에 직면했을 때 두려워하지 않는 생명체는 없어요. 진정한 용기는 두려울 때 위험에 직면하는 것이고, 여러분은 그런 종류의 용기를 많이 가지고 있어요."

– 《오즈의 마법사 The Wizard of Oz The Twits》 중에서

33 If you want to get somewhere else, you must run at least twice as fast as that!

만약 여러분이 다른 곳으로 가고 싶다면, 적어도 두 배 이상 빨리 달려야 해요!

– 《거울 나라의 앨리스 Through the looking glass》 중에서

34 It's no use going back to yesterday, because I was a different person then.

어제로 돌아가는 것은 소용없다. 왜냐하면 나는 그때와 다른 사람이

기 때문이다.

- 영화 〈앨리스 Alice〉 중에서

35 **Never hurry and never worry!**

서두르지 말고 걱정도 하지 마.

- 《샬롯의 거미줄 Charlotte's Web》 중에서

36 **Sometimes you have to lie. But to yourself you must always tell the truth.**

때때로 거짓말을 해야만 한다. 하지만 네 자신에게는 항상 진실을 말하라.

- 《탐정 해리엇 Harriet the Spy》 중에서

Chapter 4

일기 쓰기

똑 같은 일기,
다르게 읽는 부모

아이들에게 라이팅을 가르치는 것은 항상 즐겁다. 아이들의 글을 읽다 보면 어떨 때는 정말 나에게 가르침을 주는 글도 만나게 된다. 그 글을 다른 아이들과 함께 나누는 것도 큰 기쁨이다.

사실 라이팅을 제대로 가르칠 만한 시간을 만들기가 힘들다. 라이팅이라고 하면 아이들은 질겁을 하기 마련이고, 엄마들은 첨삭을 했는지 안 했는지, 첨삭을 했으면 리라이팅을 시켜야 하는지에 촉각을 세운다. 아이들이 어떤 교육을 받고 얼마나 발전할 것인가 보다는 오늘 어떤 수업을 받았고 어떤 숙제를 내줬는지에 더 관심이 많다. 설상가상으로 처음 글을 써보는 아이들에게 라이팅을 즐겁게 인도하는 교재도 거의 없다.

내 딸이 1학년 때의 일이다. 학교에서 일기를 쓴다고 했다. 아이답게 그림 일기장을 준비해 학교에 보내고 선생님은 아이들의 노트에 친절하게 이름이 적힌 스티커를 하나하나 붙여 주었다. 그리고 숙제를 내주었는데 아이들에게 꼭 느낌이나 생각이 담긴 문장을 절반 정도 적으라고 했다.

그다음 날 느낌이나 생각이 담긴 문장을 얼마나 적었는지 검사하고 아이들에게 통, 불통이라고 쓰여 있는 카드를 나누어 주었다. 통이라는 의미는 말 그대로 통과이고, 불통은 통과하지 못한 것을 의미했다.

불통이라고 쓰인 카드를 받은 아이들은 일기를 다시 써야 했다. 아이들에게 천편일률적인 일기를 쓰지 말라는 뜻인 것은 알겠으나 방법이 좀 과했다.

우리 딸도 언제는 통과하고 언제는 통과하지 못했다. 하지만 항상 느낌과 생각을 어떻게 표현해야 하는지 고민하면서 본인이 받을 벌(교실 뒤에 서 있기, 일기 다시 쓰기)을 무서워했다. 물론 매번 검사할 때마다 카드를 나눠 준 것은 아니었다. 한 달 정도 한 것 같은데 지금은 아이가 기억하지 못하는 해프닝이지만 아이가 그 당시 일기 쓰기를 즐겁지 않게 받아들이게 한 것에는 크게 일조한 사건임에 틀림없다.

4학년 때 선생님은 아이들에게 일기의 주제 100가지를 알려 주었다. 이 100가지 주제 안에 해당되는 내용으로 일기를 쓰라고 하였다. 모든 학년의 아이들이 이 종이를 받았다고 했다. 일기를 3년 정도 쓰게 되면 아이들의 소재도 고갈이 날 법하다. 그래서 선생님이 마련한 방법이지 않았을까 싶다.

처음 라이팅을 쓰기 시작하면 가장 먼저 떠오르는 것이 일기 쓰기이다. 그러면 부모는 또 걱정이 된다. 맨날 썼던 표현만 반복하지 않을까 걱정인 것이다. 또 다른 걱정은 '첨삭은 어떻게 하나'이다.

하나씩 대답을 하자면 일상을 쓰는 것만이 일기는 아니다. 그래서 제목을 '다양한 주제로 써보기'로 잡았다. 우리는 일기가 일상에 관해서만 쓰는 것으로 생각하고 있지만 더 넓혀서 생각하면 쓸 것이 무궁무진하다.

첨삭에 관해서 말하자면, 이 단계에서는 첨삭을 하지 않아도 괜찮다. 여러분이 생각하는 첨삭은 무엇인가? 스펠링을 바로 잡고 문법을 바로 잡는 것이다.

하지만 앞에서 말했듯이 단어는 따로 단어 공부를 하면서 외우자. 아이가 할 수 있다면 스펠링도 외우자. 하지만 글을 쓸 때는 다양한 생각을 끌어내는 것에만 집중하자. 그리고 욕심내지 말자. 이렇게 쓰지 못하는 원어민들도 많다. 가장 중요한 것은 아이가 어느 단계에서 시작하든지 점점 성장해 나가는 것이다. 예시를 보면서 다시 설명하자.

영국 초등학교 1학년 학생이 쓴 글이다.

"MY FAVOURITE TOY"

My favourite toy is a Cheetah and I call him Spoty. I always play with him and he cant(can't 를 잘못 사용함) run fast. Spoty is yellow with black spots. When I pull Spoty back he zooms forward.

내가 가장 좋아하는 장난감은 치타이다. 나는 그를 '스파티'라고 부른다. 나는 항상 그와 같이 논다. 그리고 그는 빨리 달릴 수 없다. 스파티는 검은 점이 있고 노란색이다. 내가 스파티를 뒤로 당기면 스파티는 앞으로 붕하고 간다.

여러분은 이 글에 몇 점을 주겠는가? 이 아이의 선생님은 4점 만점에 3점을 주었다. 선생님은 이유를 이렇게 적었다.

- 복잡한 아이디어를 표현함 ("When I pull … he zooms.(내가 당기면 그는 붕하고 간다)")
- 주제에 많은 아이디어가 연결되어 있음
- 말이 되는 설명과 예시를 씀
- 명확한 설명을 해주는 여러 가지 표현을 담음

  (장난감이 무엇인지, 어떻게 생겼는지, 특징이 무엇인지)
- 다양한 문장을 사용함
- 대문자와 마침표의 정확한 사용
- 모르는 단어도 파닉스적인 스펠링을 사용함 (Spoty, cant)

여러분의 생각은 어떠한가? 선생님의 생각과 비슷한가?

아이의 생각을 끌어내는 글쓰기

간혹 아이가 문장을 길게 쓰는 것에만 초점을 맞추는 엄마들이 있다. 그도 이해할 만한 것이 학원에서 채점을 하다보면 선생님이 일일이 다 읽을 수는 없다. 라이팅을 다 읽고 채점을 한다는 것은 정말 에너지가 많이 소모되는 일이다. 그래서 대충 보고 길면 10점 만점에 10점, 짧으면 점수가 깎이고 이런 식이다.

하지만 선생님들에게 물어보고 싶다. 아이들의 글을 얼마나 성의 있게 읽었고, 또 어떤 글이 잘 쓴 글인지 그 기준을 명확히 하고 있는지를 말이다.

이 단계의 아이들에게 가르쳐야 할 것은 아이의 생각을 끌어내어 확장시키는 것이다. 즉, 아이들이 그 주제에 관해 다양한 의견을 끌어낼 수 있도록 도와줘야 한다.

이번에는 1학년 학생이 쓴 다른 일기를 읽어보자.

When I grow up I want to be a Lego magazine editor because whenever I get a Lego magazine it has a lot of mistakes. I think I'd need to be a very good reader. I would have to learn to read very small. And I would need to try and not get carried away because I love Legos. Also, I would only have to work once a month.

나는 자라면 〈레고〉 잡지의 에디터가 되고 싶다. 왜냐하면 내가 〈레고〉 잡지를 받을 때마다 거기에는 실수가 많다. 나는 아주 좋은 독자가 될 필요가 있다고 생각한다. 나는 작은 (글자를) 읽는 것을 배워야 할 필요가 있다. 그리고 나는 시도해 볼 것이다. 그리고 레고를 사랑하니까 흥분하지 않을 거다. 또 한 달에 한 번만 일을 하면 된다.

이 일기를 굳이 분석을 하자면 처음에는 잘 쓴 듯 보이나 뒤로 갈수록 목적어가 빠져서 무슨 말인지 추측해서 읽어야 한다. 하지만 어려운 단어도 곧잘 썼다. 만약 이 일기를 이런 식으로 분석해서 본다면 1학년이 어떻게 이런 일기를 쓰냐며 지레 포기해 버릴지도 모른다.

하지만 이 아이의 일기가 나의 눈길을 끈 이유는 귀여운 생각 때문이다. 커서 〈레고〉 잡지 에디터가 되고 싶다는 생각이 뭔가 다른 아이들과 달라 보인다. 시작은 좋았는데 〈레고〉 에디터가 되려니 작은 글씨가 문제다. 읽기에 힘들고 화도 난다. 하지만 한 달에 한 번 일한다는 장점이 있으니 노력해 보겠다는 듯하다. 얼마나 1학년답고 귀여운 일기인가!

우리 아이들도 이렇게 쓸 수 있다. 그러려면 우리 어른들의 머릿속에 들어 있는 라이팅은 문법이라는 공식을 먼저 지우개로 싹싹 지워야 한다. 다음은 한국의 초등학교 2학년 어린이가 쓴 영어 일기이다.

Today is first day to ride a bicycle have two wheels.
I received the bicycle for my birthday gift last year.
But I did not ride it for one year, because I felt scary.
Today I started to practice riding it with father. I can
ride it well shortly. So, I'm really happy.

오늘은 두 발 자전거를 탄 첫 날이다. 나는 이 자전거를 작년 생일 선물로 받았다. 하지만 일 년동안 타지 못했다. 왜냐하면 무서웠기 때문이다. 오늘 나는 아빠와 자전거를 타는 연습을 시작했다. 나는 그것을 짧게 잘 탈 수 있다. 그래서 매우 행복하다.

2학년 아이가 아주 잘 썼다. 자전거를 언제 그리고 어떤 이유로 받았는지 또 일 년동안 자전거를 타지 못한 이유와 아빠와 잘 탔다는 내용까지 다양하게 담겨있다.

다음 예시들을 보자. 이 두 학생은 같은 글을 읽고 요약했지만 다른 결과를 받았다. 문장의 수는 하나 밖에 차이가 나지 않지만 첫 번째 학생은 '오징어가 많은 것을 할 수 있다'며 예시를 들었다.

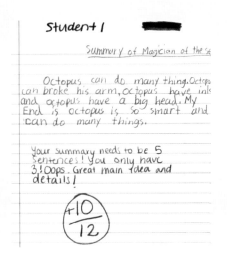

Student 1

Summary of Magician of the sea

Octopus can do many things. Octopus can broke his arm. Octopus have ink and octopus have a big head. My end is Octopus is so smart and can do many things.

Your summary needs to be 5 sentences! You only have 3! Ooops. Great main idea and details!

학생1

바다의 마법사의 요약

문어는 많은 것을 할 수 있다. 문어는 팔을 자를 수도 있다. 문어는 먹물을 가지고 있고 큰 머리도 가지고 있다. 나의 끝은 문어는 매우 똑똑하고 많은 것을 할 수 있다.

요약은 5문장으로 해야 해! 3문장 밖에 없구나! 아이고. 주제와 세부 사항은 훌륭해.

예시 1)오징어는 팔을 잘라낼 수 있다. 2)오징어는 먹물과 큰 머리를 가지고 있다. 3)오징어는 아주 똑똑하다 라고 들었다.

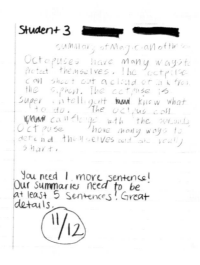

Student 3

Summary of Magician of the sea

Octopuses have many ways to protect themselves. The octopus can shoot out a cloud of ink from siphon. The octopus is super intelligent and know what to do. The octopus can camflouge with the surounding. Octpuse have many ways to defend themselves and are really smart.

You need 1 more sentence! Our summaries need to be at least 5 sentences! Great details.

학생3

바다의 마법사의 요약

문어는 스스로를 보호할 수 있는 많은 방법을 가지고 있다. 문어는 사이펀(사이펀: 액체를 하나의 용기에서 다른 용기로 옮기는 데 쓰이는 관)에서 엄청난 양의 먹물을 쏠 수 있다. 문어는 정말 지능적이고 무엇을 해야 할 지 안다. 문어는 환경에 맞춰 위장할 수 있다. 문어는 스스로를 보호할 수 있는 많은 방법을 가지고 있고 정말 똑똑하다.

한 문장을 더 써야 해! 요약은 최소 5문장으로 해야 돼! 예시가 좋구나!

이번 학생의 글을 읽어보자. 이 학생은 앞의 학생보다 1점이 더 많다. 길이는 훨씬 길어 보이는 데 말이다. 주제는 '오징어는 스스로를 보호하는 많은 방법을 가지고 있다'이다.

예시로 1)오징어는 잉크를 쏠 수 있다. 2)오징어는 정말 똑똑하다. 3)오징어는 주변 환경에 맞게 위장할 수 있다.

이 두 글의 차이가 보이는가? 두 아이가 같은 글을 읽은 것은 확실하다. 하지만 정리하는 방법과 정보의 구체성이 다르다. '많은 것을 할 수 있다' 보다는 '스스로를 보호할 수 있는 방법을 많이 가지고 있다'가 나은 주제문이다. 그리고 그 밑의 예시들도 주제문과 연결성이 다르다.

첫 번째 아이가 쓴 예시와 주제문의 연결성보다는 두 번째 아이가 쓴 예시들이 주제문과 더 연결성이 끈끈하다.

이런 아이들의 차이점은 영어 능력의 차이와는 상관이 없다. 결론적으로 이런 생각을 끌어내서 정리하는 법이 이 단계의 아이들에게 그리고 모든 단계의 라이팅에서 영어의 실력보다 중요하다.

영어 일기 시작하기

학원에서 아이들을 가르칠 때 영어 일기는 아이들의 단골 숙제였다. 아이들이 영어 일기를 써오면 나의 이상적인 수업과는 달리 집에 가는 아이들의 손에는 빨간색으로 첨삭이 되어 있는 일기가 손에 들려 있었다.

물론 이유에는 여러 가지가 있다. 가장 큰 이유는 학부모들이 첨삭된 라이팅을 원했고 그것을 다시 써보는 것을 숙제로 하기를 원했다. 사실 그렇게 해주는 것이 학원 측에서도 편하다. 빨간색으로 첨삭이 된 아이들의 숙제 노트를 보면 나도 열심히 해서 뿌듯했다. 다시 써오는 숙제는 아이들의 숙제 노트에 완벽한 일기를 남겨놓기에 그 노트를 보는 학부모나 선생님, 학생 모두가 뿌듯하게만 느껴졌다.

러블리걸에게 영어 일기를 써보라고 했다. 러블리걸의 생애 첫 영어 일기이다.

#1 title : Playground

I went playground with friend. I brought my bicycle then play with bicycle together. I rode slides and swings, so I were busy. And then my friend brought some kickboard.

This kickboard is resemble my bike. I like slide because I like slide down. Then we go to apartment swimming pool. We splash on water. I had so fun today.

나는 오늘 친구와 놀이터에 갔다. 나는 내 자전거를 가져갔고 같이 자전거를 타고 놀았다. 나는 미끄럼틀도 탔고 그네도 탔다. 그래서 바빴다. 그리고 내 친구는 킥보드를 가져왔다.

이 킥보드는 내 자전거와 비슷하게 생겼다. 나는 미끄럼틀을 좋아한
다. 왜냐하면 나는 내려가는 것을 좋아하기 때문이다. 그리고 우리는
아파트 수영장에 갔다. 우리는 물을 튀겼다. 오늘은 정말 재미있었다.

이 일기를 보자마자 얼굴이 찌푸려지며 여러 가지 생각이 들
었다. 왜냐하면 아이가 일관성없이 그저 생각나는 대로 막 적어
놓았기 때문이다. 이것은 글쓰기가 아니다. 하지만 아이는 나름
최선을 다했다는 생각이 들었다. 문법을 첨삭하는 것을 빼면 나
는 이 아이에게 무엇을 가르칠 수 있을까?

일단 아이에게 무엇을 더 추가할 수 있는지 생각을 해보고 아
이가 잘 모르는 표현을 미리 알려주었다. 그리고 다시 써보라고
하였다. 그러자 바로 아이는 이렇게 되물었다.

"내가 못 써서 다시 쓰라고 하는 거야? 내가 못 썼지?"

사실 엄마들이 가장 걱정하는 것은 이런 반응이다. 엄마의 가
르침에 대한 아이의 부정적인 반응이다. 아니라고 여러 번 이야
기하니 아이는 다시 썼다.

I went to the playground with my friend on Saturday.

I brought my bicycle then played with bicycle

together. And we played on the swings together.
My friend brought some kickboard, This kickboard
is resemble my bike. We went down the slide. I like
slide. Then we went to the apartment swimming pool.
We had a fun day.

나는 토요일에 친구와 함께 놀이터에 갔다. 나는 내 자전거를 가져갔
고 친구와 같이 자전거를 타고 놀았다. 그리고 우리는 그네도 같이
탔다. 내 친구는 킥보드를 가져왔다. 킥보드가 내 자전가를 닮았다.
우리는 미끄럼틀을 탔다. 나는 미끄럼틀을 좋아한다. 그리고서 우리
는 아파트의 수영장에 갔다. 재미있었다.

앞의 일기보다 이 일기가 훨씬 나의 마음을 편하게 했다. 아
이는 앞의 일기를 쓸 때보다 더 생각을 했고 주제에 촛점을 맞추
었다. 하지만 역시나 감정 표현에 서툴렀다. 이렇게 같은 일기를
두 번이나 쓴 아이를 여러 번 안아주고 칭찬해 주었다. 그리고
나는 다른 방법을 찾아야 한다고 생각했다.

사실 엄마표로 아이를 가르치겠다고 했을 때 모든 사람들은
우리 딸이 부럽다고 했다. 엄마가 잘 나가는 선생님이니 자기 딸

은 얼마나 잘 가르치겠냐고 입을 모았다.

하지만 엄마표로 몇 년이 지나가니 현실은 모든 사람들의 기대와 달랐다. 중이 제 머리 못 깎는다는 말이 괜히 나온 말이 아니었다.

엄마표로 가르치며 헤매고 있던 중 옛날 기억이 떠올랐다. 한 대학교에서 기초 라이팅을 가르친 적이 있었다. 그 아이들은 마찬가지로 레벨이 낮은 학생들이었다. 학교에서 교수 방법에 대해서는 내 맘대로 할 수 있도록 해주었다. 그 수업은 나에게 날개를 달아 주었다.

일단 학생들의 관심과 참여를 이끌어내기 위해 여러 가지 방법을 사용하였다. 그리고 나는 학기 말에 한 학생에게서 이메일 한통을 받았다. 그 학생은 나의 수업하는 방법이 정말 좋았고 그 수업으로 많이 늘었다고 했다. 이 메일은 수업 시간마다 새로운 시도를 해보는 나에게 큰 도움이 되었고 아직까지 메일함에 남아 있다.

아, 그래! 그때는 그런 열정이 있었지. 내 아이에게도 여러 가지 방법을 써 보기로 했다. 그러면서 내 아이만을 위한 방법을 찾아야 한다. 다른 엄마들도 쉽게 따라할 수 있고, 우리 아이의 자신감도 살려줄 수 있는 방법을 말이다.

엄마표로 영어 일기
수업하기

처음에는 엄마가 직접 아이의 수업을 준비하기가 힘들 수 있다. 하지만 아이와 함께 엄마표 라이팅의 길을 걷기로 결심하고 앞 단계를 잘 끝낸 엄마들이라면 잘할 수 있다. 조금만 진행하다 보면 아이가 스스로 수업 준비를 할 수 있을 것이다.

자, 그럼 같이 시작해보자.

STEP 1 주제정하기

　주제 정하기는 가장 쉬우면서도 가장 어렵다. 일기를 쓴다고 하면 가장 쉬운 것이 그날 하루 있었던 일을 요약하는 것이다. 하지만 이 주제는 짧으면 일주일, 길면 2주일을 쓰면 소재가 고갈된다. 하루에 대한 요약보다는 그날 있었던 한 사건을 일기의 소재로 삼아보자. 평소와는 다른 감정이 들었던 일들도 괜찮다. 다 마땅치 않다면 이 챕터의 끝에 있는 일기의 주제들을 활용해 보자.

STEP 2 생각 주머니 채우기

　일기를 쓰기 전에 아이에게 생각 주머니 속에 간단한 단어들을 써보게 한다.

With whom(누구와 함께), Where(어디서), When(언제)

What(무엇을), Why(왜), How do I feel?(기분이 어땠어?)

 STEP 3 표현 익히기

위의 생각 주머니를 채우면서 아이가 필요한 표현을 먼저 익혀본다.

1. Who : 누구와 놀이터를 갔는지 같이 이야기해보자

- my friend, my friends, my sister, my brother, my brother and I (내 친구, 내 친구들, 내 여동생, 내 남동생, 남동생과 나) 등 이런 표현들을 같이 써 본다.
- 친구의 이름이 나오면 파닉스의 법칙에 따라 같이 써보는 것도 좋다.

2. Where : 놀이터가 어디 있었는지 적어본다

- in my apartment, outside, near my school, in my friend's apartment, in the park

  (내 아파트에서, 밖에서, 학교 근처에서, 친구네 아파트에서, 공원에서)

3. When : 언제 놀이터에 갔는지 써 본다

- on Sunday, on Saturday, yesterday, this afternoon, after school (일요일에, 토요일에, 어제, 오늘 오후, 방과 후에)

4. What I did or what happed : 놀이터에서 있었던 일을 적어 본다

- 그네를 탔다 : played on the swings
- 미끄럼틀을 탔다 : went down the slide

5. How I felt : 놀면서 느꼈던 감정들을 표현한다

- 재미있었다 : had a fun day, was an exciting day

■ 놀이터 어휘 1

- monkey bars(구름사다리), jungle gym(정글짐), swing(그네), slide(미끄럼틀), seesaw(시소), merry-go-round(회전무대),

spring-rider(흔들말), hopscotch(사방치기), sandbox(모래놀이터)

■ **놀이터 어휘 2**

• play hopscotch(사방치기 놀이), hop on one foot(한발 뛰기), sit on the seesaw(시소 앉기), swing on the swing(그네 타기), throw a ball(공 던지기), bounce a ball(공 튀기기), hit a ball(공 치기), catch a ball(공 잡기), kick a ball(공 차기), climb a jungle gym(정글짐 올라가기), slide down the slide(미끄럼틀 타기), hang on a monkey bar(구름 사다리 매달리기), go down the slide(미끄럼틀 타고 내려오기), play in the sand(모래 놀이하기), be on the seesaw(시소 타기), ride on the swings(그네 타기)

STEP 4 라이팅 후 활동

일기를 다 쓰고 난 후 그냥 일기장을 덮어 버리려고 하니 뭔가 아쉽다. 다음에 아이가 다시 일기를 쓸 때 도움이 되는 활동이 필요했다. 이론에도 수업이 끝난 후 정리하는 활동을 권장한다. 그래서 몇 가지를 제시해 본다.

A. 단어 암기

표현을 배웠으면 암기를 해서 그 표현을 나의 것으로 만들어 본다. 아이의 수준에 맞추어 가볍게 외워본다.

B. Punctuation(문장 부호)

우리 말로 굳이 번역을 하자면 문장 부호라고 한다. 하지만 문장 부호라고 하기에는 더 많은 것들을 포함한다. 다음 규칙에 따라서 일기를 스스로 첨삭한다.

a. 문장의 첫 글자는 대문자로 쓴다.
b. 사람이나 장소의 이름, 그리고 요일은 대문자로 쓴다.
c. I는 항상 대문자로 쓴다.
d. 마침표를 꼭 찍는다.

C. 과거 시제 외우기

일기는 다 과거 시제로 쓴다. 당연하다. 다 지난 이야기를 쓰는 것이니 말이다. 하지만 엄마들에게 과거 시제를 아이에게 알려주라고 말하면 놀라는 엄마들이 많다. 과거 시제는 문법이라고 생각하기 때문이다.

하지만 우리나라 초등학교 1학년 어린이들이 우리 말로는 과거 시제로 일기를 써도 아무 문제가 없다. 아이에게 '과거'라는 말을 설명할 때 나는 '지난 일'이라고 말한다.

예를 들어, play는 '논다'이고 '놀았다'는 played라고 설명한다. 아이들은 어른들의 생각보다 잘 이해한다. 그렇다고 과거 시제 동사들을 다 외우게 하겠다고 욕심을 내면 안 된다.

엄마표 영어 일기 수업

I went to swimming pool. I studied swimming with my teacher. I like to learning swimming because I love swimming. First, I played with my best friend, Yunha. We swim together. I am practiced the kicking. I feel so funny. Yunha and I can breath for a long time. I think we can breath 1 min. After the swimming, Yunha, Sophia, William and I went to eat dinner. In the restaurant, we played with doll. We played with princess doll. We feel so funny. I have so playful time with them.

나는 수영장에 갔다. 나는 선생님과 수영을 배웠다. 나는 수영 배우는 것을 좋아한다. 왜냐하면 나는 수영을 사랑한다. 먼저 나는 친한 친구, 윤하와 놀았다. 우리는 같이 수영한다. 나는 발차기를 연습했다. 재미있다. 윤하와 나는 오랫동안 숨 쉴 수 있다. 내 생각에 1분 정도 숨 쉴 수 있다. 수영 후에 윤하, 소피아, 윌리엄 그리고 나는 저녁을 먹으러 갔다. 레스토랑에서 우리는 인형을 가지고 놀았다. 우리는 공주 인형을 가지고 놀았다. 아주 재미있는 시간이었다.

아이에게 영어 일기를 쓰라고 하면 이 정도로 쓰는 것이 보통의 아이들이다. 이 일기가 문법과 스펠링을 제외하고 무엇이 잘못 되었을까?

가장 눈에 띄는 것은 이야기가 2개로 나뉜다는 점이다. 첫 번째 이야기는 친구들과 수영장에 가서 재미있게 놀았고, 두 번째 이야기는 수영이 끝나고 저녁을 같이 먹으러 간 이야기이다.

아이에게 왜 이렇게 두 가지 이야기를 썼는지 물었더니 어휘력 부족이 가장 큰 원인이었다. 언제 수영을 배우는지, 일주일에 몇 번 배우는지 등 자세하게 쓰려고 하니 어휘력이 부족해서 그랬다는 것이다.

그 다음으로 눈에 띄는 것은 아이가 자기 감정을 표현하는 것에 익숙하지 않다는 점이다. 사실 한국어로 일기를 써도 마찬가지이다. 감정을 쓰라고 하면 '재미있었다', '즐거웠다', '다음에 또 하고 싶다' 등 이 정도의 수준에서 딱 한 줄로 감정을 표현한다. 즉, 아이들이 자기 생각을 나타내는 표현이나 기회가 많이 부족하다.

우리 엄마들이 잡아주어야 할 부분들이 이런 것들이다. 아이들이 자신의 생각을 글로 표현할 수 있도록 도와주어야 한다. 물론 이것은 한글로도 쉬운 부분은 아니다. 내 딸의 경우를 봐도 한글로 잘 되던 부분들도 영어로 하라고 하면 어려워했다. 물론 엄마들이 잡아 주기도 쉽지 않다. 하지만 못할 것도 없다.

위의 일기를 바로 전 챕터에서 소개한 엄마표 영어 일기 수업 포맷으로 아이에게 가르쳐 보았다.

- **Who**(누가) : Yunha, swimming teacher(윤하, 수영 선생님)
- **Where**(어디서) : In the swimming pool(수영장에서)
- **When**(언제) : Friday(금요일)

- **What happened Or what I did**(무슨 일이 일어났는지 또는 내가 무엇을 했는지) : Swimming with teacher, met Yunha(선생님과 수영, 윤하를 만남)
- **How I felt**(내 기분이 어땠는지) : I like his teaching(나는 그의 수업을 좋아한다.)

Today I take swimming lesson. I have swimming lessons every Friday, but I didn't take lesson last week. So, today I take a swimming lesson. I love swimming lesson and I like swimming teacher. He is always soft and nice.

He always keeps his eyes on me. Today I practiced the kicking. In swimming pool, I met my best friend, Yunha. She is younger than me, but we are best friends.

Yunha and I can breath for a long time. I think we can breath 1 min. I have so playful time with her today.

나는 오늘 수영 수업이 있다. 나는 매주 금요일 수영 수업이 있다. 그러나 지난 주에 수업을 못 했다. 그래서 오늘 나는 수영 수업을 한다. 나는 수영 수업이 좋다. 그리고 수영 선생님을 좋아한다. 그는 언제나 부드럽고 좋다.

그리고 항상 나를 지켜보고 있다. 오늘은 발차기를 연습했다. 수영장에서 나의 친한 친구인 윤하를 만났다. 윤하는 나보다 어리다. 그러나 우리는 친한 친구이다.

윤하와 나는 오랫동안 숨쉬기를 할 수 있다. 내 생각에 우리는 1분 동안 숨을 쉴 수 있다. 나는 오늘 그녀랑 즐거운 시간을 가졌다.

한 가지 사건에 집중하니 아이는 생각을 끌어내는 것 자체를 힘들어했다. 예를 들어, 수영이 왜 좋은지 물어보니 아이는 "그냥 좋아."라고 대답했다. 그래서 나는 "수영 선생님도 좋아?" 라고 물어보았다. 그러니 "응, 좋아"라고 대답했다. "왜 좋아?"라고 다시 물어보니 이 질문에도 대답은 똑같았다. "좋으니까 좋지".

결국 내가 아이에게 그냥 좋은 것보다 더 자세하게 말해야 한다고 설명해 주었다.

왜 좋은지 이유를 말해야 한다고 했지만 아이는 "그냥 좋지." 라고만 대답할 뿐 자세한 이유를 대는 것을 힘들어했다.

엄마가 도와줄 수 있는 것은 아이에게서 이유를 끌어내는 것이다. 아이가 자신의 감정과 이유를 조리 있게 설명할 수 있도록 질문과 생각을 유도하는 것이 엄마의 역할이다.

이런 부분은 영어를 몰라도 할 수 있다. 아니 오히려 영어를 아주 잘하는 것이 아니라면 영어를 못하는 것이 더 도움이 될 수도 있을 것 같다.

엄마표 영어 일기 따라하기

엄마들이 따라 하기 쉽게 수업을 구성해보았다. 레벨은 아이에 맞게 구성하면 된다.

 **주제 정하기**

• 주제 : A day at school(학교에서의 하루)

- **Who**(누가) : Anna, Nathaly, Evan and me(애나, 나탈리, 이반 그리고 나)
- **Where**(어디서) : In the classroom(교실에서)
- **When**(언제) : It was Language class(언어 수업시간이었다.)
- **What happened**(어떤 일이) : It rained dogs and cats(세차게 비가 왔다.)
- **How I felt**(느낀점) : I was excited(흥분했다.)

STEP 3 일기쓰기

Teacher and student also have a good day, but in the middle of the class outside the rain caught the attention of the children. It is so much ranning outside.

Teacher said, "cats and dogs ranning outside!" then children looking the outside then children feel excited then start shouting and talking.

So, teacher said stop monkey business then children
stop excited.

Name _____Chloe_____

Teacher and student also have a
good day but in the middle of
class Out side the rain: ca ught the
attention of the children It is so
much ranning out side teacher
said " cats and dog's ranning
out side" then children looking
the out side then children feet
exicess then start shouting and talking
So, teacher said stop mon ky
biseness" then chilren stop exicess

선생님과 친구들은 또한 즐거운 하루였다. 그러나 수업 중간에
교실 밖의 비가 학생들의 관심을 끌었다. 밖에서 비가 많이 오고 있
었다.

선생님이 "밖에 비가 세차게 온다."라고 말했다. 그러자 아이들은
밖을 쳐다보고 흥분하기 시작했다. 소리를 지르고 떠들기 시작했다.
그래서 선생님이 그만하라고 말했고 아이들은 흥분을 멈췄다.

STEP 4 라이팅 후 활동

1. Punctuation(문장부호) :
- 문장을 적당히 끊어본다. 그리고 새로운 문장의 첫 글자는 대문자로 쓴다.

2. Grammar(문법)
- 동사를 다 과거 시제로 바꾼다 :

    have(가지다) → had(가졌다), is(이다) → was(였다),

    looking(보다) → looked(보았다), feel(느끼다) → felt(느꼈다),

    start(시작하다) → started(시작했다),

    stop(멈추다) → stopped(멈췄다)

3. 빠진 부분 추가하기
- 글을 다 쓰고 보니 나의 감정에 관한 부분이 빠져 있다. 빠진 부분에 대한 문장을 더 쓰도록 지도한다.

STEP 1 주제 정하기

- 주제 : Playing with friends(친구와 놀기)

- **Who**(누가) : Yunha, William, Sophia, and me(윤하, 윌리엄, 소피아 그리고 나)
- **When**(언제) : Monday morning(월요일 아침)
- **Where**(어디서) : Yunha's house(윤하네 집)
- **What happened & what I did**(무슨 일이 일어났는지 또는 내가 무엇을 했는지) : We played house.(소꿉놀이를 했다.)
- **How I felt**(내가 기분이 어땠는지) : Happy because I helped them a lot(내가 그들을 많이 도와줄 수 있어서 좋았다.)

STEP 3 일기쓰기

Today is school holiday. So, I went Yunha's house. And I played with Yunha, William, sophia. We played house. Yunha is my little daughter. sophia is my big daughter. William is my son. We bought toy in toy store because William wanted to buy a lot toys. I gave some toy box for Yunha. She was student so she is stay in school a lot time. We are play all day. I was so happy because they are all kindergartener. Played house is always fun and it was great to play with them.

오늘은 학교 휴일이다. 그래서 나는 윤하네 집에 갔다. 그리고 윤하, 윌리엄, 소피아와 같이 놀았다. 윤하는 내 작은 딸이고 소피아는 내 큰 딸이다. 윌리엄은 내 아들이다. 우리는 장난감 가게에서 장난감을 샀다. 왜냐하면 윌리엄이 장남감을 많이 사고 싶어했다. 윤하는 학생이어서 학교에 오랫동안 있었다. 우리는 하루 종일 놀았다. 나는 아주 기분이 좋았다. 왜냐하면 애들은 다 유치원생이다. 소꿉놀이는 항상 재미있고 아이들이랑 같이 노는 것은 진짜 좋다.

(※참고 : 아이들은 소꿉놀이에서 역할을 나누어 놀았던 것을 일기로 씀.)

 STEP 4 라이팅 후 활동

1. Punctuation(문장부호) : 사람의 이름은 대문자로 쓴다.

2. Grammar(문법)

- 과거 일에 관한 것은 과거 시제를 쓴다: is(이다) → was(였다)

- 한 문장에 동사는 하나만 쓴다: is stay → stayed(머물렀다),
are play → played(놀았다)

- 단수와 복수를 구별한다: toy(장난감) → toys(장난감들),
toy box → a toy box(장난감 상자),
kindergartener(유치원생) → kindergarteners(유치원생들)

3. 빠진 부분 추가하기

- 역할을 정한 다음 무엇을 하고 놀았는지 더 쓸 수 있을 것 같았
다. 그래서 아이에게 역할을 정하고 무엇을 했는지 물어보았다.

월 별 글쓰기 주제 100개

일상을 쓰는 일기가 익숙해지면 다른 주제로 일기를 써보는 것을 권장한다. 일상을 쓰는 일기는 그 표현에 한계가 있다. 아이가 새로운 주제를 일기로 가볍게 써 보면서 다음 단계의 글쓰기를 준비해 보는 단계로 삼아보자.

1월 글쓰기 주제

1. In 2019, I can't wait to…
(2019년에는 나는 ~을 꼭 하고 싶다.)

2. Write a funny story about the day it snowed a lot.

(눈이 많이 온 날에 관한 재미있는 이야기 쓰기)

3. One thing I like to change about myself is…

(내가 내 자신에 대해 바꾸고 싶은 한 가지는~)

4. One new thing I like to try this year is…

(내가 올해 하고 싶은 새로운 것 한 가지는~)

5. Every snowflake is unique. I am unique because…

(모든 눈송이는 독특하다. 나도 독특하다 왜냐하면~)

6. Think of two people who might need encouragement. How can you make their lives brighter?

(응원이 필요한 사람을 두 사람 생각해봐라. 내가 그 사람의 인생을 어떻게 더 밝게 만들 수 있을까?)

7. Tell a story about the coldest you've ever been.

(들어본 이야기들 중 가장 슬픈 이야기를 말해보자.)

8. Bears hibernate all winter. If you could do only one thing all winter, what would it be?

(곰은 겨울 내내 동면한다. 만약 너가 겨울 내내 딱 한 가지만 할 수 있다면, 그게 무엇일까?)

9. What is one unforgettable thing that happened to you last year.

(작년에 일어난 일들 중 잊을 수 없는 일 하나는?)

10. Make a list of five fun things to do on a snowy day.

(눈 오는 날 할 수 있는 5가지 재미있는 일을 적어보세요.)

2월 글쓰기 주제

1. Describe the weather today. How does it make you feel?

(오늘 날씨를 설명해보세요. 날씨가 당신의 기분을 어떻게 만들었나요?)

2. If you could start a charity organization, who would it benefit and why?

(만약 당신이 자선 단체를 만든다면 어떤 것을 위한 단체를 만들 것인가요? 이유는?)

3. Tomas Edison was born in February. What contributions do inventors like Thomas Edison make toward society?

(토마스 에디슨은 2월에 태어났습니다. 토마스 에디슨 같은 발명가는 사회에 어떤 공헌을 하나요?)

4. Did you send any valentines on Valentine's Day? Why or Why not?

(발렌타인 데이에 누군가에게 발렌타인 카드를 보냈나요? 왜 보냈나요?/ 왜 보내지 않았나요?)

5. Make a list of three tings you can do to challenge yourself during the second half of this school year.

(올해의 절반 동안 할 수 있는 당신 자신에게 도전하는 세 가지를 적어보세요.)

6. Describe your favorite memory of winter.

(겨울에 있었던 가장 좋은 기억을 말해보세요.)

7. When I see snow, it makes me think of…

(내가 눈을 보게 되면, 눈은 ~~을 생각하게 한다.)

8. My favorite movie is … because …

(내가 가장 좋아하는 영화는 ~~이다. 왜냐하면~)

3월 글쓰기 주제

1. Is today's weather more like a lion or a lamb? Explain why you think so.

(오늘 날씨는 사자와 같은가요? 양과 같은가요? 왜 그렇게 생각하는지 이유를 설명하세요.)

2. If you were in charge of your school, what would the students be doing today?

(만약 당신이 학교의 책임자라면 오늘 학생들에게 무엇을 하라고 할 것인가요?)

3. The strangest dream I ever had was…

(내가 꾼 꿈 중 가장 이상한 꿈은 ~이다.)

4. Today is the first day of spring. Make a list of five things that you associate with spring.

(오늘은 봄의 첫 날이다. 봄과 관련된 5가지를 적어 보세요.)

5. Pretend you are a balloon at a fair. Write a story about what happens when you fly up into the air.

(당신이 축제의 풍선이라고 생각해보세요. 하늘로 올라갈 때 무슨 일이 일어났는지 이야기를 써 보세요.)

6. Describe your new classroom to your old friends.

(너의 예전 친구들에게 새 교실에 관해 설명하세요.)

7. What is your favorite sport to watch or play during spring. Explain why…

(봄에 관람하거나 직접 하기 좋은, 가장 좋아하는 운동은 무엇인가요? 이유를 설명하세요.)

8. Think of a person you admire. What do you admire about that person and why?

(존경하는 사람을 생각해 보세요. 그 사람의 무엇을 존경하고 왜 존경하나요?)

9. If I reached the end of the rainbow, I would be

shocked…

(내가 만약 무지개의 끝에 도달한다면, 나는 충격을 받을 것이다. 왜냐하면…)

10. If you could be any age right now, how old would you be and why?

(지금 바로 원하는 나이가 될 수 있다면 몇 살이 되고 싶은가요? 이유는?)

4월 글쓰기 주제

1. It's April Fools' Day! Describe a funny joke someone has played on you.

(만우절입니다. 누군가 나에게 한 재미있는 농담을 하나 말해보세요.)

2. Write a poem about a gloomy day.

(우울한 날에 관한 시를 하나 써 보세요.)

3. Write a letter the person who have a good influence on you.

(당신에게 좋은 영향을 주었던 사람에게 편지를 쓰세요.)

4. If you could get rid of any subject in school, what would it be and why?

(만약 학교에서 한 과목을 없앨 수 있다면, 어떤 것을 없앨 건가요? 이유

는?)

5. Write a story about spending the day at a museum.

(뮤지엄에서 하루를 보낸 이야기를 써 보세요.)

6. My favorite memory of my class this year is when⋯

(올해 우리 반에서 가장 좋았던 기억은~)

7. Describe your favorite things to do at recess.

(쉬는 시간에 하는 가장 좋아하는 것을 설명해 보세요.)

8. Today is Earth Day. What are three things you can do to help protect our planet?

(오늘은 지구의 날입니다. 우리 지구를 돕기 위해 당신이 할 수 있는 세 가지를 적어보세요.)

5월 글쓰기 주제

1. The most surprising thing I have learned in school this year is ⋯

(올해 내가 학교에서 배운 것 중 가장 놀라운 것은 ~이다.)

2. It's Teacher's Day. What three qualities do you appreciate most about your teacher?

(오늘은 스승의 날이다. 당신이 가장 감사하게 생각하는 선생님은 누구인가? 이유는?)

3. Tell about someone you know who challenges you.

(당신을 도전하게 만드는 사람에 관해서 이야기 해보아라.)

4. Make a list of the healthies foods you ate this week.

(이번 주 먹었던 건강한 음식에 관한 리스트를 만들어 보아라.)

5. Describe a talent you have.

(당신이 가지고 있는 재능을 설명하라.)

6. Imagine you are a butterfly. Write a story about what it's like in a cocoon and what happens to you next.

(당신이 나비라고 상상해 보아라. 번데기 안에 있을 때 어떤지 그리고 다음에 무엇이 일어나는지 써 보아라.)

7. Would you rather spend the afternoon playing board games or playing sports? Why?

(오후 시간을 보드 게임을 하면서 혹은 운동을 하면서, 어떤 것을 하면서 시간을 보낼 것인가? 이유는?)

6월 글쓰기 주제

1. If you could change one thing this semester, what would it be and why?

(만약 당신이 이번 학기에 한 가지를 바꿀 수 있다면, 무엇을 바꾸고 싶은가? 이유는?)

2. Imagine you are a dolphin. Describe what it's like to live in an ocean.

(당신이 돌고래라고 상상해보아라. 바다 속에서 사는 것이 어떨지 설명해 보아라.)

3. Choose three words to describe the kind of friend you are. Explain your choices!

(당신이 어떤 종류의 친구인지 묘사하는 단어 3개를 골라라. 그리고 이유를 설명하라.)

4. Imagine you opened a secret door in your closet. Write a story about where it leads.

(당신 옷장의 비밀의 문을 연다고 상상해 보아라. 그 문이 당신을 어디로 이끌지 이야기를 써 보아라.)

5. Describe the most impressive tree house you can imagine.

(상상할 수 있는 최고의 나무집을 묘사하시오.)

6. The best book you read this semester was⋯ because⋯

(이번 학기에 읽었던 최고의 책은 ~였다. 이유는~)

7. One thing I really do not want to do this summer is ⋯ because⋯

(이번 학기에 정말 하고 싶지 않았던 것은 ~~이다. 이유는~)

8. Write a creative story titled "The Mystery of the Missing Beach Towel!"

('잃어버린 비치 타월의 미스테리'라는 제목으로 이야기를 만드시오.)

7월 글쓰기 주제

1. What are the best things about summer vacation?

(여름 방학이 좋은 최고의 이유는 무엇인가?)

2. Describe your favorite ice cream flavor.

(가장 좋아하는 아이스크림 맛을 묘사하시오.)

3. Imagine it is a rainy summer day. Write a story about how you spend your day indoors.

(비가 오는 여름 날을 상상해 보자. 실내에서 어떻게 하루를 보냈는지 써 봐라.)

4. Write a funny story about a summer vacation gone wrong.

(여름방학을 망쳤던 재미있는 이야기를 써 보자.)

5. Imagine you open your own summer camp for kids. Describe what it is like.

(당신이 아이들을 위한 당신만의 여름 캠프를 연다고 상상해보자. 어떤 캠프일지 설명해 보아라.)

6. Draw a plan for a new school playground. What equipment would you put on it?

(새로운 학교 놀이터에 대한 계획을 그려 보아라. 어떤 기구를 넣고 싶은가?)

7. Imagine you are planning to sell something during summer. What would you sell? Why?

(여름 동안 장사를 한다고 상상해 보아라. 무엇을 팔고 싶은가? 이유는?)

8월 글쓰기 주제

1. Write a letter to a student in another country explaining what you like about Korea.

(다른 나라에 있는 친구에게 한국에서 당신이 무엇을 좋아하는지 설명하는 편지를 써라.)

2. Do you think it is important to have good handwriting? Why or why not?

(손글씨를 잘 쓰는 것이 중요하다고 생각하는가? 이유는?)

3. I was walking to the park with my friends. All of a sudden, …

(친구들과 같이 공원을 걷고 있었다. 갑자기…)

4. Explain how to swim to someone who has never been

in the swimming pool before.

(전에 수영장에 가 본 적이 없는 사람에게 수영을 어떻게 가르칠지 설명하라.)

5. What is something you are looking forward do this summer? Why?

(이번 여름에 어떤 일이 생길 것이라 기대하는가? 이유는?)

6. Pretend you are an umbrella. Write about your day in the rain.

(당신이 우산인 척 해보세요. 비 속에서의 하루를 써 보세요.)

7. Describe a talent your best friend has and describe how he or she can use it to help others.

(당신의 가장 친한 친구가 가지고 있는 재능을 설명해 보세요. 그 친구가 다른 사람들 돕기 위해서 그것을 어떻게 사용하는지 말해 보세요.)

9월 글쓰기 주제

1. Sometimes I wish I were tall enough to…

(가끔은 …를 할 수 있을 만큼 키가 컸으면 좋겠다.)

2. If you could have any animal for a pet, what would it be and why?

(만약 어느 동물이든지 애완동물로 키울 수 있다면 어떤 동물을 기르고

싶은가? 이유는?)

3. Three things most of my classmates probably don't know about me are…

(내 짝궁이 나에 관해 모를 것 같은 세 가지는 아마 …이다.)

4. I think it would be awesome if kids were allowed to …

(만약 아이들에게 …이 허락된다면 진짜 멋질 것이다.)

5. Write a story about a title. "What a silly day."

('정말 어리석은 날'이란 제목으로 이야기를 써라.)

6. What is your favorite autumn memory with your family?

(가족과 함께 했던 가장 좋았던 가을의 기억은 무엇인가?)

7. Write about a time you felt sad. Who comforted you and how?

(슬프다고 느꼈던 때를 써 보아라. 누가 너를 어떻게 달래주었는가?)

10월 글쓰기 주제

1. How does the weather change in fall? How does it affect the way you dress?

(날씨는 가을에 어떻게 바뀌는가? 날씨는 옷을 입는데 어떤 영향을 주는가?)

2. Explain three things my parents probably like about my

school.

(부모님이 내 학교에 대해 좋아하는 것 세 가지를 설명하라.)

3. One autumn afternoon, I looked out the window of my classroom and …

(어느 가을 오후, 나는 교실 창문 밖을 내다 보았다. 그리고…)

4. If I could be any cartoon character, I would be … because…

(만약 내가 만화 주인공이라면 나는 …일 것이다. 왜냐하면…)

5. Unlike other kids, I am afraid of … because …

(다른 아이들과는 다르게 나는 …을 무서워한다. 왜냐하면…)

6. Describe the most delicious Thanksgiving dinner.

(가장 좋아하는 추석 음식을 설명하라.)

7. One thing I love about October is …

(내가 10월을 좋아하는 이유 한 가지는 …이다.)

11월 글쓰기 주제

1. My favorite thing to do in cold weather is…

(추운 날씨에 내가 가장 하기 좋아하는 것은 …이다.)

2. My amazing superpower would be …

(나의 놀라운 슈퍼 파워는 …이다.)

3. Describe the oldest person you know.

(당신이 아는 가장 늙은 사람을 묘사하라.)

4. What is one of your accomplishments this year?

(당신이 올해 이루어 낸 것 중 하나는 무엇인가?)

5. The most unexpected present I ever received was …

(내가 받은 것 중 가장 예상치 못했던 선물은 …이다.)

6. Describe a job I never want to have.

(내가 절대 하고 싶지 않은 직업을 설명하라.)

7. If you went shopping with your friends, what could be in your shopping bag?

(만약 친구와 쇼핑을 한다면 쇼핑백에 무엇을 담겠는가?)

8. Describe the best moment when you helped someone. When and where and how?

(당신이 다른 사람을 도와준 최고의 순간을 설명해라. 언제 그리고 어디서 그리고 어떻게 였는가?)

12월 글쓰기 주제

1. Create a funny story about a snowman.

(눈사람에 관한 재미있는 이야기를 만들어라.)

2. Who do you think the boss in your family? Why?

(당신의 가족 중에서 대장은 누구라고 생각하는가? 이유는?)

3. If marshmallows fell from the sky, what would it be like?

(만약 마쉬멜로가 하늘에서 떨어진다면 어떨 것 같은가?)

4. Would you rather live in a large city or a countryside?

(큰 도시에서 살고 싶은가? 아니면 시골에서 살고 싶은가?)

5. One thing I always want to know is …

(내가 항상 알고 싶은 것 한 가지는 …이다.)

6. Write a letter to a friend you will not see over the holidays.

(방학 동안 만나지 못했던 친구 한 명에게 편지를 써라.)

7. I feel nervous when I …

(나는 …때 긴장한다.)

8. The best part of 2018 is …

(2018년의 최고는 …이다.)

Chapter 5

북리포트 쓰기

배경 지식의
밑바탕이 되는 독서

나는 아이와 차를 타고 이동을 할 때 항상 책의 뒤에 달려있는 오디오 CD를 아이에게 틀어주었다. 이동을 하는 시간이 어떤 때는 짧았지만 할머니 댁에 가는 날에는 차에서 30분은 족히 보내야 했다.

딸 아이가 5살이던가 6살 정도 때의 일이다. 그날도 할머니 댁에 가는 길이었고 책 뒤의 오디오 CD를 듣고 있었다.

"엄마, 책 CD를 듣고 있으면 머리 속에서 그림이 보여. 엄마도 그래? 엄마도 지금 파란색 집이 보여?"

이 말을 듣고 나는 입이 딱 벌어졌다. 아이가 진짜 이 CD를 듣고 제대로 이해하고 있다는 생각이 들었다. 책의 장면이 머릿속에 그려지는 것보다 더 확실한 증거가 어디 있을까 싶었다.

하지만 아이의 머릿속 그림과 내 머릿속의 그림이 같을 리는 없다. 그 이유는 바로 '배경 지식' 때문이다. 아이와 나의 배경 지식이 다르기 때문이다.

우리는 각자가 읽은 것을 자신의 머리 속 경험에 맞추어 해석한다. 또 아이들이 비슷한 경험을 가지고 있는 책을 읽으면 더 잘 이해하는 것을 볼 수 있다. 그것처럼 배경 지식은 우리가 새로운 것을 배울 때 도움이 된다.

배경 지식이란 인생의 모든 경험에서 형성된 추상적인 지식이다. 우리는 모두 영유아 때부터 다양한 경험을 해왔다. 그 경험에서 쌓인 지식 그리고 지혜 등 여러 가지 것들이 우리의 머릿속에 의식적이든 무의식적이든 저장이 되어 있다.

이 저장된 지식은 새로운 것을 배울 때 머릿속에서 끄집어내게 된다. 그래서 새로운 사실을 이해할 때 이 저장된 배경 지식을 이용하여 이해한다. 따라서 배경 지식은 새로운 아이디어와 경험을 이해하는데 필수적인 요소이다.

다음의 사진을 보자.

　20세기 초반으로 보여지는 이 사진에서 가판대 위에는 '여성 참정권에 반대하는 전국 협회 본부'라고 쓰여 있다. 사진의 한 구석에는 한 여자가 남자들 무리와 떨어져 서 있다. 참정권을 알고 있는 사람이 사진을 본 경우 사진이 의미하는 바를 읽을 수 있을 것이다. 하지만 참정권의 의미를 모르거나 움직임에 대한 배경 지식이 없다면 이 사진을 '읽을' 수 없다.

　2011년 3월 대지진이 일본에서 일어났을 때 일이다. 뉴스에서 일본 대지진을 연일 보도했다. 그리고 나서 며칠 후 대지진의 영향으로 후쿠시마 다이치 원자력 발전소가 가동을 멈추고 방사능 수치가 최대치를 기록했다고 발표했다. 원자로에 대한, 체르노빌과 같은 역사적 사건에 대한 배경 지식이 없다면 뉴스의 뉘

앙스에서 이 일이 나쁜 일인지는 알 수 있겠지만 왜, 얼마나 나쁜 것인지에 대해서는 추측하기 힘들 것이다. 그래서 뉴스에서도 역사적 방사능 유출 사건과 같은 배경 지식에 관한 방송을 계속하는 이유가 여기에 있다. 바로 우리의 배경 지식의 틈새를 메워야 이해가 잘 된다는 말이다.

배경 지식의 중요성

배경 지식은 얼마나 중요한가? 학자 로버트 마르짜노는 학생들이 내용에 관해서 이미 알고 있는 것은 바로 그 내용에 대해 얼마나 잘 배울 수 있는가를 나타내는 척도라고 설명한다. 즉, 배경 지식이 앞으로 학생들이 얼마나 배울 것인가에 대한 척도라는 것이다.

미국의 국립과학원National Research Council의 학자 존 구쓰리도 모든 배움은 이전의 경험에서 나온다며 배경 지식의 중요성을 강조한다.

배움의 시작도 배경 지식에서 출발한다. 학생들이 새로운 내용을 어느 정도까지 배울 수 있는지는 교사의 기술, 학생의 흥미, 그리고 내용의 복잡성 등 여러 가지 요인에 달려있다.

하지만 여러 가지 연구 문헌들이 한 가지 흥미로운 사실을 제시한다. 새로 배우는 내용에 관련해 이미 알고 있는 정도가 새로운 내용을 얼마나 잘 배울지에 대한 가장 강력한 지표 중 하나라는 사실이다. 즉, 배경 지식이 중요하다는 것이다. 배경 지식과 성취 사이의 관계는 수 많은 연구에 의해 확인되었다.

아래의 그래프를 보자.

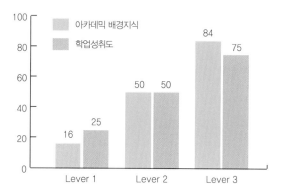

제인이라는 학생은 이 그래프에서 보면 처음 배경 지식이 16%를 나타낼 때 학업 성취도가 25%에 머물러 있었다. 그 후 제인의 배경 지식이 50%를 차지하게 되자 학업 성취도도 50%가 되었고 배경 지식이 84%까지 올라가자 학업 성취도도 75%까지 올라갔다.

제인의 케이스는 학교에서의 성공에 대한 학문적 배경 지식의 극적인 영향을 아주 잘 보여주는 예이다. 이 케이스를 통해 우리는 주어진 주제 영역에서 많은 배경 지식을 가진 학생들은 새로운 정보를 쉽게 잘 배울 것이라는 것을 알 수 있다. 당연히 그 반대도 마찬가지이다.

영어를 배우는 학생들에게 문화의 차이도 배경 지식의 차이에 일조한다.

> "닐 암스트롱이 달 표면에 그의 발자국과 붉은 색과 흰색 줄무늬를 남긴 지 수십 년이 지났습니다. 백악관은 NASA가 달에 우주 비행사를 더 보낼 계획을 지지하고 있습니다."

평범한 미국 학생이라면 이 두 문장을 이해하는 데 아무런 문제가 없을 것이다. 하지만 미국 문화에 익숙하지 않은 학생이라면 어떨까? 백악관, NASA, 닐 암스트롱, 그리고 붉은 색과 흰색 줄무늬가 미국 국기를 의미하는 것이라는 것을 다 설명해야 할 것이다. 그렇기 때문에 배경 지식을 쌓는 것이 중요하다.

> "Is Joey's money better spent on a $12 movie theater ticket or a $4 DVD rental?"

(조이의 돈이 12불짜리 영화 티켓을 사는 데 쓰는 것이 낫겠는가 아니면 4불짜리 DVD를 빌리는 것이 낫겠는가?)

이 문장은 어떠한가? 우리 아이들에게는 DVD를 빌린다는 것은 정말 과거의 일이다. 조금 늦게 태어난 아이들은 DVD 플레이어를 본 적도 없을 것이다. 우리는 필요한 영화나 보고 싶은 TV 드라마를 인터넷이나 넷플릭스Netflix 같은 사이트를 통해서 다운 받아 보지 않는가. 우리 아이가 태어났을 때만 해도 DVD 플레이어가 있었는데 나도 언제부터인가 DVD 플레이어를 사용하지 않는다. 하지만 여전히 서점의 한 코너에서 DVD를 팔고 있는 나라들은 많이 있다.

라이팅에서도 마찬가지이다. 배경 지식이 있어야 잘 쓸 수 있다. 라이팅에서 가장 중요한 것은 자신의 생각을 끌어내서 확장시키는 것이라고 했다. 자신의 생각이 있어야지만 끌어낼 것이 아닌가.

라이팅을 곡식을 기르는 것에 비유하자면 배경 지식은 토양이다. 아무리 좋은 씨앗을 뿌려도 땅이 비옥하지 않다면 싹을 틔울 수가 없다. 싹이 나더라도 토양이 좋은 곳의 곡물이 더 튼튼하게 자라고 많은 열매를 맺는다.

배경 지식의 보물 창고, 독서

배경 지식을 쌓는 가장 좋은 방법은 독서이다. 그렇다면 책을 통해 어떤 배경 지식을 쌓는 것이 가장 좋을까?

나는 이 질문에 대해 '문화'라고 말하고 싶다. 영어를 배우는 학생으로서 우리는 문화의 차이를 생각해봐야 한다. 영어를 가르치다 보면 영어 실력이 되어도 그 문맥을 이해하지 못하는 경우가 종종 생긴다. 그럴 경우 보통 그 지문을 읽는 사람이 이해하지 못하는 상황을 포함하고 있는 경우가 많다. 그리고 그 경우의 대부분은 문화에 관한 것이다.

예를 들어 '오늘 저녁에 엄마가 터키 요리를 했는데 이것은 추수감사절 때 남은 터키이다'라는 문장을 생각해보자. 추수감사절이 무엇인지 그리고 추수감사절에는 터키를 먹는다는 문화를 알아야만 이해할 수 있다.

또 영국 런던을 배경으로 하는 소설을 읽고 있다고 생각해보자. '해럿에서 나오니 오후 4시가 되었다. 이미 밖은 어두워져 있었다.'라는 문장을 생각해보자. 해럿이 런던에 위치한 최고급 백화점의 이름이라는 것도 알아야 하고, 영국은 겨울에 오후 4시가 되면 이미 해가 져서 밖이 깜깜해진다는 것도 알아야 한다.

영어를 배운다는 것은 단순히 그 언어를 배우는 것이 아니다. 언어를 배운다는 것은 그 문화를 좋아하고 이해한다는 것을 포함한다.

요새는 TV나 유튜브에 좋은 영상들이 많다. 눈으로 보면서 지식을 배우면 머리 속에 그 내용이 쏙쏙 들어온다. 분명 동영상의 장점이 있다. 하지만 그렇다 하더라도 영상은 영상이고 독서는 독서다. 절대 영상이 책의 자리를 대신할 수는 없다.

다시 한번 말하지만, 배경 지식을 쌓는 여러 가지 방법 중 최고는 독서이다.

책이 영상보다 더 좋은 이유를 딱 두가지만 말해 보겠다.

1. 책은 상상력을 키워준다

아까 앞에서 말한 것처럼 우리는 책을 읽으면서 머리 속에 그림을 그린다. 예를 들어 책에 나온 나무를 상상하고 그 나무를 그려본다고 생각해보자. 책을 읽은 사람이 100명이라면 우리는 100가지의 다른 나무들을 그려 볼 수 있을 것이다.

그 이유는 사람들마다 배경 지식이 다르기 때문이다. 이 배경 지식은 배움의 미래를 알 수 있는 척도가 된다. 배경 지식이 높은 사람은 상상력도 뛰어날 것이라는 추측을 해볼 수 있다.

상상력은 우리가 돈으로도 살 수 없는 귀중한 것이다. 앞으로 4차 산업혁명이 다가온다고 한다. 4차 산업혁명 시대의 핵심이 되는 능력은 바로 상상력이라고 윤종록 한국정보통신산업진흥원장은 말한다. 그가 말하는 4차 산업혁명이란 상상력을 원료로 혁신을 창조하는 것이다. 이런 상상력을 책을 읽으며 키울 수 있다니 책이란 정말 마법과 같다.

2. 어휘력이 높아진다

영어의 뼈대는 어휘력이다. 어휘력을 쌓을 수 있는 가장 좋은 방법은 책에서 어휘를 배우는 것이다. 왜냐하면 책은 그 어휘가 어떤 상황에서 어떻게 쓰이는지 가장 잘 보여준다. 단어를 사전에서 찾아보거나 그림을 보거나 같은 한글 뜻을 보고 단번에 이해하는 것이 효과적인 단어들도 많다. 초급 단계일수록 그렇다.

예를 들어 'lazy'가 '게으른'이라는 것을 가르칠 때 영영사전도, 그림도 이것을 분명하게 설명할 수는 없다. 하지만 한글로 '게으른'이라고 설명하면 아이는 금방 알아듣는다.

하지만 상황적인 설명이 필요한 단어들이 있다. 예를 들어 'cross(화가 난)'라는 단어를 보자.

내 딸은 로알드 달의 《마법의 손가락Magic Finger》를 읽다가 'I got cross.(나는 화가 났다.)'라는 문장과 마주쳤다. 딸이 나에게 물었다. "엄마, cross는 X이거나 횡단보도 아니야?" 아이는 cross의 뜻을 알고 있지만 책의 상황과는 뭔가 맞지 않다는 사실을 짐작했다. 그래서 질문을 한 것이다.

나는 아이에게 "cross는 angry(화가 난)란 뜻으로도 쓰일 수 있어. 영국에서 많이 쓰이는 말이야. 이 책을 쓴 로알드 달이라는 작가가 영국 사람이거든."이라고 설명해주었다.

아이는 앞으로 책을 읽으면서 cross라는 단어와 마주할 때마다 내가 한 설명을 기억할 것이다. 이 설명은 가지를 뻗어 아이의 배경 지식으로 자리 잡기를 기대한다. 배움이란 이렇게 모든 것이 연결된 것이다.

배경지식을 위한 여러 가지 방법들

독서 이외에도 배경 지식을 쌓을 수 있는 여러 가지 방법들이 있다.

1. 학습 어휘력Academic Vocabulary 쌓기

어휘력의 중요성은 아무리 강조해도 지나치지 않는다. 방금 어휘력을 쌓으려면 책을 읽어야 된다고 했다. 그렇다면 어떤 책을 읽어야 하는가? 다양한 장르의 책을 읽어야 한다.

인터넷 교육 까페를 보다 보면 아이가 리딩 레벨에 맞는 책을 추천해 달라는 글을 많이 볼 수 있다. 그 추천 책 리스트들을 보며 느낀 것은 너무 소설류에만 한정되어 있다는 것이다.

우리나라로 생각해보라. 아이가 주야장천 소설책만 읽는다고 생각해보라. 어휘력은 늘겠지만 실질적으로 공부에 도움이 될까? 아니다.

여러 장르의 책을 다양하게 읽어야 한다. 초등학생은 논픽션과 사회 관련 책도 도움이 된다. 그리고 주제별로 단어책을 만들어 보아라.

예를 들어 오늘의 학습 주제가 기체, 고체, 액체라면 그 내용에 관한 단어를 정리해보는 것이다. 단어를 정리하면서 간단한 그림을 그리는 것도 좋은 방법이다. 아이들이 여러 가지 감각을 사용하고 재미있게 다가갈 수 있기 때문에 그 효과가 높다.

2. 주제와 관련한 영상물

유튜브에서 찾을 수 있는 학습 관련 동영상도 좋은 방법 중 하나다. 확실히 동영상은 이해도를 높이는 데 효과가 높은 학습 수단이다. 동영상을 자료로 쓸 경우 확실히 학습에 대한 아이들의 심리적 부담감을 낮출 수 있다. 그리고 새로운 개념을 효과적으로 전달할 수 있다.

글로 배우는 것보다는 영상으로 새로운 단어가 쓰여지는 것을 들으면 아이들이 직접 그 단어를 사용하기 편하다. 단, 동영상이 20분이 넘어가면 아이들은 흥미를 잃게 되므로 주의한다.

3. 주제에 대한 읽기 자료 모으기

아이가 각 주제에 대해 언어적으로 풍부한 환경을 조성하기 위해서는 일관되고 광범위한 독서 경험을 가져야 한다. 그러기 위해서 아이가 직접 자신이 읽을 자료를 찾도록 해보자. 즉, 먼저 주제를 정하고 그다음 아이에게 그 주제에 관해 읽을 자료를 가져오게 한다.

자료는 신문 기사도 괜찮고 비주얼 자료, 만화 또는 온라인 뉴스 클럽도 괜찮다. 책을 벗어나 읽기 자료를 읽는 것도 많은 도움이 된다.

예를 들어 신문과 책은 문체도 다르고 글을 쓰는 작가와 기사를 쓰는 기자의 시각도 다르다. 어휘 선택도 다를 수 밖에 없다.

배경 지식을 쌓는데 도움이 되는 사이트들

• 타임 포 키즈 Time for Kids

〈타임 포 키즈〉는 초등학생을 위한 주간지이다. 〈타임〉지에서 수상한 컨텐츠를 독점적으로 제공한다. 게다가 학년에 따라 콘텐츠를 분류해 놓았으며 다양한 종류의 정보를 제공하고 있다.

• 도고 뉴스 Dogo News

도고 뉴스는 아이들의 눈높이에 맞게 구성되어 있다. 아이들이 웹사이트 상단에 있는 카테고리(사회, 과학, 세계, 시사 등)를 보고 쉽게 접근할 수 있다. 게다가 지리에 관한 어려운 단어와 지도를 같이 보여주는 사전도 제공한다.

• 내셔널 지오그래픽 키즈 National Geographic Kids

〈내셔널 지오그래픽 키즈〉는 1975년 9월 처음 발간되었다. 이 잡지는 어린 탐험가들이 지면을 통해서 세상을 탐험할 수 있게 한다.

• 키즈 뉴스 Kids News

키즈 뉴스는 호주 사이트이다. 키즈 뉴스에서는 선생님들이 교실에서 뉴스를 사용할 수 있도록 콘텐츠를 제공한다. 그리고 지문은 아이들에게 알맞은 내용과 언어로 구성되어 있다. 외부 사이트로 연결되는 링크가 없기 때문에 부모들이 지켜보지 않아도 아이들이 안심하고 사용할 수 있다.

• 키즈 포스트 Kids Post

키즈 포스트는 워싱턴 포스트에서 제공하는 어린이 신문 사이트다. 어른 신문처럼 다양한 분야의 뉴스를 매일 업데이트한다.

• 퍼스트 뉴스 First News

〈퍼스트 뉴스〉는 청소년을 위한 영국 신문이다. 매주 금요일에 발행된다. 어린이의 눈높이에 맞춰 오락, 스포츠, 컴퓨터 게임에 관한 뉴스와 함께 시사와 정치적인 뉴스도 함께 제공한다.

북 리포트 쓰기

학생들을 가르치다 보면 라이팅을 가르칠 시간이 절대적으로 부족하다. 거의 모든 시간을 리딩에 할애하게 된다. 세상에는 왜 이리 좋은 책도 많고 정보도 많고 풀 문제집도 많은지, 읽을 거리가 주변에 널렸다.

일주일에 한 번 있는 라이팅 시간에도 아이들은 숙제를 안 해오기 일쑤이고 지난번 수업했던 내용은 이미 머릿속에서 지워버렸다. 사실 선생님도 라이팅 시간이 반갑지는 않다. 왜냐하면 라이팅을 시켰으면 첨삭을 해서 돌려주어야 한다는 사실이 부담이기 때문이다.

특히 학원에서는 더욱 그렇다. 점수를 매기는 것만으로 충분하지 않다. 아이들의 손에 틀린 문법을 고쳐서 빨간 펜으로 가득 채워보내지 않으면 한 번은 괜찮지만 다음번에는 바로 학부모의 전화를 받을 것이다.

북 리포트는 리딩과 함께 라이팅을 가르칠 수 있는 좋은 방법이다. 하지만 많은 교실에서 북 리포트에 접근하는 방법이 잘못되었다. 많은 학부모들이 북 리포트가 단순히 책을 읽고 그 내용을 이해했는지 안 했는지 파악하기 위해서 북 리포트를 아이에게 써 보라고 강요한다.

이것은 북 리포트가 아니다. 그리고 과거에 해왔던 책 요약이 북 리포트도 아니다. 책에 관해서 더 깊은 이해를 하며 사고의 깊이를 넓히는 것이 북 리포트이다.

북 리포트를 시작하는 단계

글은 쓸 수 있다면 많이 쓰는 것이 좋다. 그리고 어떤 레벨이든지 북 리포트를 쓸 수 있다. 다음은 6살 아이들이 쓴 북 리포트이다. 예시를 참고하여 다양한 글쓰기를 시도해보자.

〈예시1〉

Dipper in danger!

the dipper wes a dolphin. She is finding the fish to
eat. Dipper swam down, down, down and Dipper was
trapped by a net. and diver help the Dipper.

위험에 빠진 디퍼!

디퍼는 돌고래였다. 그녀는 먹을 물고기를 찾고 있는 중이다. 디퍼는
수영을 해서 아래로 아래로 아래로 내려갔다. 디퍼는 그물에 갇혔다.
그리고 잠수부가 디퍼를 도왔다.

〈예시2〉

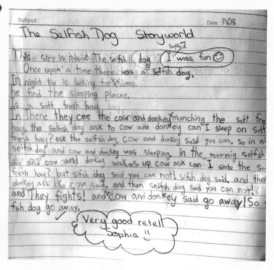

The Selfish Dog

This stoy is about The Selfish dog.

Once upon a time there was a selfish dog.

In night he is looking for a sleep.

he find the sleeping placae.

Is a soft fresh hay

In There they cee the cow and donkey munching the

soft free hay. the selfish dog ask to cow and donkey

can I sleep on soft fresh hay? ask the selfish dig. Cow and donkey said you can.

So in night selfish dog and cow and donkey was sleeping. in the morning selfish dog and cow and donkey wakes up. Cow ask can I eate the soft fresh hay? but sifsh dog said you can not! and They fights! and cow and donkey said go away! So sifsh dog go away.

이기적인 강아지

이 이야기는 이기적인 강아지에 관한 이야기이다.

옛날에 이기적인 강아지가 있었다.

밤에 그는 잠을 잘 곳을 찾고 있는 중이다.

그는 잘 곳을 찾는다.

부드럽고 신선한 건초

거기서 그들은 소와 망아지가 건초를 씹는 것을 보았다. 이기적인 강아지가 소와 강아지에게 물어본다. 나 부드럽고 신선한 건초 위에서 자도 돼? 이기적인 강아지가 물어보았다. 소와 망아지가 말했다.

그럼. 그래서 밤에 이기적인 강아지와 소와 망아지는 잤다. 아침에 이기적인 강아지와 소와 망아지가 일어난다. 소가 부드럽고 신선한 건초를 먹어도 돼? 라고 물었다. 그러나 이기적인 강아지가 안돼라고 말했다. 그리고 싸웠다. 그리고 소와 망아지가 저리 가라고 말했다. 그래서 이기적인 강아지가 갔다.

이 아이들의 엄마는 나에게 아이들의 스펠링을 어떻게 해주어야 하는지 상담했다. 앞에서 여러 번 이야기한 것처럼 아이들의 스펠링은 문제가 되지 않는다. 그래서 1년 동안은 스펠링이 틀린 것을 지적하지 말고 아이에게 잘 썼다고 칭찬만 해주라고 말하며 상담을 마쳤다.

아이들이 어리지만 북 리포트를 써야 한다면 앞에 나온 문장 쓰기와 문장 확장하기를 연습하면 좋다.

알맞은 책 고르기

북 리포트를 쓰기 위해서는 책이 있어야 한다. 그렇다면 무슨 책을 골라야 할지 한번 같이 생각해보자.

책은 아이의 리딩 레벨보다 쉬운 책을 골라야 한다. 북 리포트는 라이팅에 초점을 맞춘 활동이다. 아이가 지금 읽기를 도전하고 있는 책 보다는 여러 번 읽어본 책이 북 리포트를 쓰기에 훨씬 안성맞춤이다.

라이팅은 아이의 생각을 한층 더 끌어올리는 공부이다. 책의 내용을 100% 이해하지 않았다면 그 책은 리딩을 위한 책이지 라이팅을 위한 책이 아니다.

게다가 책은 엄마가 골라주는 책이 아니라 아이가 좋아하는 책을 골라야 한다. 아이들 스스로 책을 고르게 하라. 물론 아이들은 아직 자신의 레벨에 맞는 책을 고르기가 어렵다. 여기서 엄마나 아빠의 도움이 필요하다. 책마다 리딩 레벨을 찾는 것보다 더 확실한 방법이 있다.

1) 먼저 아이가 읽고 싶은 책을 고른다.
2) 고른 책의 아무 페이지나 펴 본다.
3) 한 페이지를 다 읽었을 때 사전을 찾지 않고 95% 이상 이해하는지 확인한다.

G1-2를 위한 북 리포트

북 리포트를 시작하기 전에 아이들마다 아웃풋의 시기와 능력이 다 다르다는 것을 꼭 기억해야 한다. 특히 영어는 한국에서 사는 일반적인 아이들에게는 외국어이다. 한글과 1대 1로 비교하면 안 된다. 다시 한번 말하지만 영어 유치원을 나온 아이들이나 특수한 환경에서 자란 아이들은 이 책에서 말하는 나이나 학년을 따르지 않는다.

영어 유치원을 나온 경우를 제외하고 G1-2의 아이들은 아직 완벽한 문장이나 긴 문장을 쓸 수 없다. 쓴다고 하더라도 아이가 서론 본론 결론 구성을 갖춘 북 리포트 쓰기는 힘들다. 게다가 이런 스타일의 북 리포트는 결정적으로 재미가 없다.

북 리포트는 독서의 흥미를 불러일으키는 활동이어야 된다. 흥미를 떨어뜨리거나 심지어 북 리포트 때문에 책 읽기가 싫어져서는 안 된다. 어린 아이들이 쉽게 접근할 수 있는 북 리포트 아이템을 소개한다.

퀴즈북 만들기

아이들 스스로 질문과 대답을 만들어 본다. 한 장씩 만들어 모아 붙여 책의 형태로 만들어도 되고, 플랩 북Flap book 형태로 만들 수도 있다. 엄마랑 아이랑 각자 책을 읽고 바꿔서 문제 내기를 한다. 또는 책마다 퀴즈북을 만들어 모아 놓는다. 한 가지 책을 좋아해서 여러 번 읽는 아이들이 특히 좋아하는 활동이다.

Quiz 1   Answer

_____   _____

_____   _____

_____   _____

_____   _____

등장인물에게 편지쓰기

Dear Square Cat,

We ard so happy you wrote us! We can help you with your problem!

If you have 5 friends and 2 of them are not square, then you have 3 friends that are square cats like you!

Have a great day!

Love, Mrs

안녕, 네모난 고양이야

우리는 너가 우리에게 편지를 써서 너무 행복해. 우리가 너의 문제를 도와줄 수 있어.

만약 너가 5마리의 친구가 있고 그 중 둘이 네모가 아니라면 그러면

너는 3마리의 친구를 가진거야. 너처럼 네모난 고양이 친구.

좋은 하루 보내!

사랑해,

책의 등장인물에게 편지를 쓴다. 주인공에게 쓸 수도 있고 주인공이 아니더라도 좋아하는 등장인물이 있으면 편지를 써본다. 등장인물에게 하고 싶은 말을 쓰면서 아이들은 책의 내용을 다시 생각해 볼 수 있고 또 자신의 감정을 설명할 수 있다. 아이들의 상상력은 어른이 생각하는 것보다 뛰어나다. 생각보다 멋진 편지를 기대한다.

결론을 지어서 다시 쓰기

책을 다시 한번 써보는 것도 창의적인 아이디어이다. 아이들은 좋아하는 책을 여러 번 읽는 것을 좋아한다. 그러면서 상상력을 키운다.

책에 푹 빠져들어 책에서 나온 것보다 더 깊은 이야기를 생각해내기도 하고, 책을 바탕으로 한 새로운 사건을 만들어내기도 한다. 아이들에게 결론을 쓰고 싶은 대로 다시 쓰라고 하거나 아

니면 아예 다른 이야기를 만들어 책으로 쓰는 것도 훌륭한 방법이다.

신문기사 쓰기

아이가 기자가 되어보자. 그래서 책에서 일어난 사건에 대해서 신문기사를 써 보는 것이다. 기사를 쓰기 위해서는 인터뷰를 해야 한다. 엄마나 아빠가 등장 인물이 되어서 인터뷰를 해줄 수 있다. 또 신문기사는 육하원칙 즉 누가, 언제, 어디서, 무엇을, 왜, 어떻게에 따라서 쓰는 것이 원칙이다. 이런 원칙에 따라 책에 나온 내용을 재구성해보면서 아이가 글의 구성 요소를 자연스럽게 익힐 수 있다.

상상의 대화 써 보기

책에서 나온 두 인물을 고른다. 그 두 인물들이 나누었을 대화에 대해 상상해보자. 생각지도 못한 비하인드 스토리가 나올 수도 있고 대립했던 인물들이 화해를 할 수도 있다. 아니면 인물의 성격이 바뀔 수도 있다.

작가에게 편지쓰기

아이가 작가에게 편지를 써본다. 그 책을 쓰기 위해 작가가 어떤 노력을 했는지에 대해 물어볼 수도 있고, 책의 후속편이 나온다면 어떻게 전개될지 물어볼 수도 있다. 책을 읽으면서 이해가 되지 않았던 점을 물어볼 수도 있고, 어떤 인물이 왜 그런 말을 했는지, 혹은 그런 행동을 했는지 물어볼 수도 있다.

토크쇼 스크립트 쓰기

내가 토크쇼의 진행자가 된다. 그리고 책의 인물 중 한 명을 나의 토크쇼에 초대한다고 가정하자. 그리고 내가 그 인물에게 물어볼 말을 적어보면서 예상할 수 있는 대답도 써본다. 그리고 토크쇼를 재미있게 진행하려면 예상치 못한 질문도 몇 개는 준비해보자. 엄마와 역할극을 해보는 것도 재미있다.

스크랩북 만들기

논픽션 북을 읽었다면 스크랩북 만들기를 해보자. 더 필요한 자료가 있다면 인터넷에서 정보를 찾아 추가시키는 것도 좋다.

여행 가이드 만들기

책에 나왔던 장소로 여행을 간다고 상상해보자. 그 장소에서 어떤 일이 벌어졌는지 써보자. 실제로 있는 장소라면 그 장소에 대한 자료를 찾아서 추가시켜 보자.

G3-4를 위한 북 리포트

3학년과 4학년이 되면 점점 더 북 리포트를 쓸 기회가 많아진다. 1~2학년이 쓰는 북 리포트가 특징만 잡아서 쓰는 북 리포트라면 3~4학년이 쓰는 북 리포트는 등장인물, 배경 그리고 사건에 대한 설명이 담겨야 한다. 다양한 활동을 통해서 아이들이 등장인물과 배경 그리고 사건에 대한 이해도를 더 높여보자.

만화책 만들기

내가 읽은 책을 만화책으로 만들어보자. 그림을 그려야 하므로 중요한 장면을 생각해야 하고 그 그림에 맞는 글을 쓰고 대화도 써야 한다. 따라서 책에 대한 전체적인 이해와 더불어 세부적 사항에 대한 이해도가 필요한 활동이다.

타임라인 구성해보기

책에 나온 사건을 일어난 순서에 따라 정리해본다. 특히 위인 전이나 역사, 또는 논픽션 책을 읽은 후에 해보기 좋은 활동이다.

내용 이해 문제 만들기

책을 읽고 내용 이해에 관한 문제를 만들어 본다. 친구가 푼다고 생각하고 내가 선생님이 되어 어떤 문제를 내면 좋을지 생각해보는 활동이다. 그에 대한 답도 만들어 본다.

문제를 만들 때는 전체적인 내용 이해, 세부 사항, 등장인물의 감정 추측하기, 앞으로 일어날 사건 추측하기 등 여러 유형의 문제를 생각해 볼 수 있도록 도와준다.

객관식 문제를 만들 때는 오답을 어떻게 만들 것인지 생각해 본다. 너무 엉뚱한 대답도 재미있지만 문제를 푸는 사람이 책을 꼼꼼하게 읽지 않았으면 어려울 만한 문제도 만들어 본다.

크로스 워드 퍼즐 만들기

책에서 중요한 단어를 정리한다. 그 단어들을 이용한 크로스 워드 퍼즐을 만들어 본다. 사전적인 의미를 사용해도 좋고 책에 나와 있는 문장이나 힌트가 될 만한 특징이나 설명을 적어도 좋다. 같은 책을 읽은 아이들이 만든 크로스 워드 퍼즐을 바꿔서 푸는 것도 재미있다.

씨리얼 박스 북 리포트

씨리얼 박스를 이용해 북 리포트를 만들어보자. 앞면은 본인이 읽은 책을 한번에 잘 나타내는 그림을 그리고 제목을 써서 꾸민다. 제목은 책의 제목을 그대로 쓰기 보다는 책과 관련된 새로운 제목을 만들어 보도록 한다.

씨리얼 상자의 오른쪽에는 Ingredient(성분)라는 제목 아래 배경과 인물에 관한 내용을 쓴다. 쓸 수 있는 글자 수가 많지 않으므로 어떤 내용을 꼭 써야 씨리얼 박스를 읽는 독자들의 관심을 끌지 생각해본다. 왼쪽 옆에는 사건에 대해 쓴다. 사건을 타임라인 순서대로 정리해도 좋고 요약을 해도 좋다. 사건의 문제가 어떻게 해결되었는지 써봐도 좋다.

뒷면에는 게임을 만들어본다. 책에서 나온 단어를 이용하여 단어찾기word search라던가 숨은 그림 찾기를 그려도 좋다. 위 뚜

껑에는 책의 제목과 작가의 이름, 나의 평가 등을 적어본다.

비디오 북 리포트

유튜브는 이제 인기있는 교육 소스이다. 다른 사람이 쓴 북 리포트를 볼 수도 있지만 내가 그 주인공이 되어 보자. 바로 북 리포트를 쓴 다음 스스로 촬영을 해본다. 생각보다 촬영 준비를 열심히 해야 한다.

1. 4학년 여학생의 북 리포트 동영상

https://www.youtube.com/watch?v=7DUQjMgnM0o

2. 4학년 여학생의 월트 디즈니 비디오 북 리포트

https://www.youtube.com/watch?v=hgLzz7S9MCo

3. 인터뷰 형식의 비디오 북 리포트

https://www.youtube.com/watch?v=sjnVwe7GMmM

4. 뉴스 형식의 비디오 북 리포트

https://www.youtube.com/watch?v=ZuXyM4dIswo

G5-6을 위한 북 리포트

여태까지 다양한 활동을 하며 재미있게 북 리포트를 썼다면 이제는 고전적이고 제대로 된 북 리포트를 쓸 차례이다.

먼저 북 리포트에는 어떤 내용을 써야 하는지 알아보자.

1. 도입Introduction : 책의 제목과 작가의 이름을 포함한다

2. 등장인물과 배경에 대한 요약

3. 글의 구성과 갈등 그리고 해결

4. 책의 주제나 교훈 그리고 내가 배운 점

5. 책의 전체적인 어조에 대한 설명

이 다섯 가지가 북 리포트에 들어가야 할 내용이다. 지금 여기서는 각 주제에 따라 5단락으로 구성된 북 리포트를 쓸 것이다. 그렇다면 5단락 안에 무엇이라고 써야 할지 생각해보자.

1. 첫 번째 단락은 책의 기본적인 구성을 설명한다. 예를 들면 누가 그 책을 썼는지, 어디서 일어난 일인지, 그리고 그 책의 장르(호러, 판타지, 모험 등)를 쓸 수 있다.

2. 두 번째 단락은 등장인물의 성격에 관해 요약하는 단락이다. 특히 중심 인물들의 성격이나 중요한 외모적 특징이 있다면 묘사해본다. 또 중심 인물이 다른 인물을 어떻게 대하는지도 설명해본다. 그리고 배경에 대해 요약을 해본다. 즉, 이 책의 사건이 일어난 곳은 어디인지 시대에 관한 설명을 쓴다.

3. 이번 단락은 글의 구성에 대해 요약하는 단락이다. 글의 구성이란 그 책의 핵심이 되는 사건들로 이루어진다. 즉, 이 사건의 핵심이 되는 사건이나 순간을 요약하면 된다. 등장인물이 방해물을 만나거나 극복하는 사건들도 좋다. 이 글을 전체적으로 이해하기 위해서 필요한 사항들이 있다면 써본다. 쓰면서 주의해야 할 점은 내가 글의 주제를 벗어나지 않았는지 진짜 쓸 만한 중요한 사

건인지 판단해가면서 쓴다. 또 쓰면서 흐름을 놓치지 않도록 주의한다.

4. 이 단락은 이 책의 주제나 교훈에 대해 쓴다. 이 단락을 통해서 책에 대한 또 작가의 의도에 대해 깊게 생각해볼 수 있다. 단순하게 재미있었다, 흥미로왔다 보다는 스스로에게 '왜'라는 질문을 던지고 많은 생각을 해보자. 책에 대한 이해를 깊게 하고 읽는 사람의 사고를 넓힐 수 있는 단락이다. 하지만 생각을 잘 표현하는 것 또한 중요하다는 것을 알 수 있을 것이다.

5. 책에 대한 전체적인 느낌을 짧게 써보는 단락이다. 이 책에 관해서 내가 좋아했던 점과 싫어했던 점을 써본다. 또 책의 장점이나 단점 그리고 책을 쓴 작가의 의도도 한번 생각해보고 적어본다.

채점 기준

부모들은 집에서 아이들의 북 리포트를 어떻게 가이드해 줄 수 있을까? 선생님의 채점 기준을 먼저 안다면 큰 도움이 될 것이다.

내용: 최소 5단락 (50점)

1단락 – 소개, 제목, 작가 ⋯⋯⋯⋯⋯⋯⋯⋯⋯ 10점

2단락 – 인물, 배경 ⋯⋯⋯⋯⋯⋯⋯⋯⋯⋯⋯ 10점

3단락 - 구성, 문제, 해결 ···················· 10점

4단락 - 주제/교훈, 내가 배운 점 ·············· 10점

5단락 - 나의 의견/작가의 의도 ·············· 10점

언어 ···································· 30점

스펠링 ································· 10점

구두법Punctuation ····················· 10점

문법/어법 ····························· 10점

기타 ································· 20점

가독성 ································· 10점

깔끔함 ································· 10점

총 ··································· 100점

미국과 영국의 유명 북 블로그 10개

1. 더 칠드런 북리뷰

책 소개와 짧은 리뷰가 나와 있는 사이트. 나이별, 장르별로 책을 분류해 놓았다. 매달 인기있는 책을 짧은 리뷰와 함께 소개한다.

https://www.thechildrensbookreview.com/

2. 멘사포키즈

제공하는 리스트의 책을 다 읽고 체크를 하여 우편으로 보내주면 수료증을 주는 사이트. 멘사에서 제공하는 것이니 관심이 있다면 도전해보자. 또 북 리뷰 샘플도 볼 수 있다.

https://www.mensaforkids.org/achieve/excellence-in-reading/

3. 스파게티 북클럽

아이들이 직접 쓴 리포트를 올리거나 볼 수 있는 사이트. 아이들의 그림도 같이 올라와 있고 전형적인 북 리포트 형식으로 쓴 글들이 올라와 있다.

http://www.spaghettibookclub.org/

4. 키즈북리뷰

아이들이 직접 쓴 북 리뷰들이 책 커버 사진과 함께 올라와 있다. 꽤 잘 쓴 리뷰들도 많이 보인다.

http://www.kids-bookreview.com/

5. 차일드테스틱북스

아홉 살 Holly와 엄마 Sam이 같이 쓰는 북 리뷰 블로그. 북 리뷰의 수준이 상당히 높고 같이 생각해볼 만한 문제들까지 다루고 있다.

https://childtasticbooks.wordpress.com/

6. 스파이더.더투모로우클럽

다양한 주제에 대해 자유롭게 쓴 북 리뷰 블로그. 이 블로그에 나와 있는 글을 읽다 보면 이 블로그 주인은 책을 정말 좋아하는 아이임을 알 수 있다.

https://spider.thetomorrowclub.com/

7. 북존포보이즈

Darren이라는 소년이 운영하는 북 블로그. 남자 아이들이 좋아할 만한 픽션 책들을 주로 읽는다. 만화책도 따로 분류해서 북 리뷰를 올리고 있다.

http://bookzone4boys.blogspot.com/

8. 유케이와이에이

십대 영국 소녀가 운영하는 북 블로그. 그녀가 읽는 책들은 영국에 관련된 책들이다. 즉 영국을 배경으로 했거나 영국 작가가 쓴 책들만 읽는다.

https://ukya.co.uk/

9. 원드러스리드

Jenny라는 이름을 가진 26살 북셀러가 운영하는 블로그로 주로 영어덜트나 키즈 픽션 책들을 리뷰한다. 그리고 그녀의 리뷰들이 종종 아마존의 리뷰로 채택된다.

http://www.wondrousreads.com/

10. 세렌디피티리뷰

2015년 영국 영어덜트 북 블로그 수상을 한 블로그이다. 2017년 4월 포스팅이 마지막으로 지금은 포스팅이 올라오지 않지만 과거의 자료들이 방대하다.

http://www.serendipityreviews.co.uk/

부록

추천
도서목록

G1-G2를 위한 추천 도서목록

Just Shopping with Mom

I'm a Frog!

Pig Pug

Happy Pig Day!

The Duckling Gets a Cookie!?

There was an Old Lady Who Swallowed a Fly!

-ad as in Dad

Across the Stream

-ack as in Snack

Poor Puppy

ABug, a Bear and a Boy Go to School

Splat the Cat

A Nose Like A Hose

Quick, Quack, Quick!

Thomas and the School Trip

Song of Night

My New Boy

The Biggest Pumpkin Ever

Mouse's First Halloween

Little Cloud by Eric Carle

My Truck is Stuck

The Dog Who Cried Wolf

Hello, Hello!

Just Me And My Dad

G2를 위한 추천 도서목록

Narwhal

Magic School Bus

Dinosaurs Before Dark

Barn Party

The Bremen-town
Musicians

Purplicious

Franklin is Lost

How Full is Your Bucket?

Emeraldalicious

Pete the Cat

Super Diaper Baby 2

Attack of the Zombies!

Olivia the Princess

Creepy Carrots!

Pete the Cat
Saves Christmas

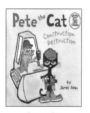

Pete the Cat
Construction Destruction

Owl Diaries
Eva Sees a Ghost

Whatever After
Beauty Queen

Dog Man

Owl Diaries
Baxter is Missing

Pirate Treasure

Curious George
Tadpole Trouble

The Principal from the
Black Lagoon

A Baby Panda is Born

 G3를 위한 추천 도서목록

Winter of the Ice Wizard

No Dogs Allowed!

I Knew You Could!

Fireflies in the Night

The Pumpkin Elf Mystery

Goldilicious

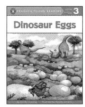

Dinosaur Eggs

Silverlicious

Bad Kitty Meets the Baby

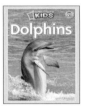

Dolphins

I Funny

Stallion by Starlight

Sofia's Magic Lesson

Imagination according to Humphrey

Magic Animal Friends

Pippa the Pumpkin Fairy

The Princess and the Pony

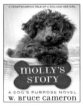

Molly's Story

Hour of the Olympics

Tigers at Twilight

G4를 위한 추천 도서목록

Out of my mind

Puppies and Kittens

Wonder

Infinity Ring

Who is Jane Goodall?

Prisoner B-3087

Mixed-up Pups

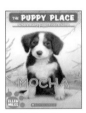
The Puppy Place

Princess Ponies U
a Dream Come True

Magic Bunny

Jabba the Puppett

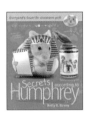
Secrets Humphrey

Soccer on Sunday

Dolphin Tale 2

Danger in the Darkest Hour

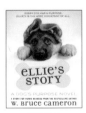
Ellie's Story

Woof

Shadow of the Shark

Follow Your Heart

Class Dismissed

Sugar, Gummi, and Lollipop

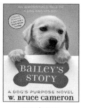

Bailey's Story

Charlotte's Web

Charlie and the Chocolate Factory

 # G5-6를 위한 추천 도서목록

Mr. Popper's Penguins

Great Brain

Room One

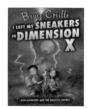

I Left My Sneakers in Dimension X

Titanic

War Horse

Haddix
The Missing Sent

Haddix
The Missing Sabotaged

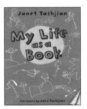

My Life as a Book

Racing in the Rain
My life as a Dog

Card Hiaasen Chomp

Infinity Ring

Totally Awesome,
Super-Cool Bible Stories

The Dogs of Christmas

Diary of a Wimpy Kid
Hard Luck

He Eighth Day

Diary of a Wimpy Kid
The Long Haul

Diary of a Wimpy Kid
Old School

Diary of a Wimpy Kid
Double Down

Harry Potter
and the Sorcerer's Stone

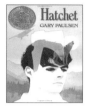

Hatchet

Treasure Island

Hoot

The Best Christmas
Pageant Ever

The Great Fire

Three Times Lucky

Roller Girl

Heart of Samurai

Inside Out & Back Again

Criss Cross

The Higher Power of Lucky

Elijah of Buxton

The Thief

When You Reach Me

Hattie Big Sky

Mark Twain
The Adventures of
Huckleberry Finn

Harry Potter and The
Chamber of Secrets

Woodrow for President

Heaver is for Real

Oil Spill Disaster in the Gulf

Mousenet

Heroes of 9/11

Infinity Ring

Presidential Pets

엄마표 영어 라이팅

ⓒ안홍미, 2019

초판 1쇄 발행 2019년 8월 5일

지은이 안홍미
펴낸이 이경희

발행 글로세움
출판등록 제318-2003-00064호(2003.7.2)

주소 서울시 구로구 경인로 445
전화 02-323-3694
팩스 070-8620-0740
메일 editor@gloseum.com
홈페이지 www.gloseum.com

ISBN 979-11-86578-75-9 13370 (값 16,000원)